Gröls Verlage

„BÜCHER SIND WIE FALLSCHIRME. SIE NÜTZEN UNS NICHTS, WENN WIR SIE NICHT ÖFFNEN."

Gröls Verlag

Redaktionelle Hinweise und Impressum

Das vorliegende Werk wurde zugunsten der Authentizität sehr zurückhaltend bearbeitet. So wurden etwa ursprüngliche Rechtschreibfehler *nicht* systematisch behoben, denn kleine Unvollkommenheiten machen das Buch – wie im Übrigen den Menschen – erst authentisch. Mitunter wurden jedoch zum Beispiel Absätze behutsam neu getrennt, um den Lesefluss zu erleichtern.

Um die Texte zu rekonstruieren, werden antiquarische Bücher von Lesegeräten gescannt und dann durch eine Software lesbar gemacht. Der so entstandene Text wird von Menschen gegengelesen und korrigiert – hierbei treten auch Fehler auf. Wenn Sie ebenfalls antiquarische Texte einreichen möchten, finden Sie weitere Informationen auf www.groels.de

Viel Freude bei der Lektüre wünscht Ihnen das Team des Gröls-Verlags.

Adressen

Verleger: Sophia Gröls, Im Borngrund 26, 61440 Oberursel

Externer Dienstleister für Distribution & Herstellung: BoD, In de Tarpen 42, 22848 Norderstedt

Unsere“Edition | Werke der Weltliteratur“ hat den Anspruch, eine der größten und vollständigsten Sammlungen klassischer Literatur in deutscher Sprache zu sein. Nach und nach versammeln wir hier nicht nur die“üblichen Verdächtigen“ von Goethe bis Schiller, sondern auch Kleinode der vergangenen Jahrhunderte, die – zu Unrecht – drohen, in Vergessenheit zu geraten. Wir kultivieren und kuratieren damit einen der wertvollsten Bereiche der abendländischen Kultur. Kleine Auswahl:

Francis Bacon • Neues Organon • **Balzac** • Glanz und Elend der Kurtisanen • **Joachim H. Campe** • Robinson der Jüngere • **Dante Alighieri** • Die Göttliche Komödie • **Daniel Defoe** • Robinson Crusoe • **Charles Dickens** • Oliver Twist • **Denis Diderot** • Jacques der Fatalist • **Fjodor Dostojewski** • Schuld und Sühne • **Arthur Conan Doyle** • Der Hund von Baskerville • **Marie von Ebner-Eschenbach** • Das Gemeindekind • **Elisabeth von Österreich** • Das Poetische Tagebuch • **Friedrich Engels** • Die Lage der arbeitenden Klasse • **Ludwig Feuerbach** • Das Wesen des Christentums • **Johann G. Fichte** • Reden an die deutsche Nation • **Fitzgerald** • Zärtlich ist die Nacht • **Flaubert** • Madame Bovary • **Gorch Fock** • Seefahrt ist not! • **Theodor Fontane** • Effi Briest • **Robert Musil** • Über die Dummheit • **Edgar Wallace** • Der Frosch mit der Maske • **Jakob Wassermann** • Der Fall Maurizius • **Oscar Wilde** • Das Bildnis des Dorian Grey • **Émile Zola** • Germinal • **Stefan Zweig** • Schachnovelle • **Hugo von Hofmannsthal** • Der Tor und der Tod • **Anton Tschechow** • Ein Heiratsantrag • **Arthur Schnitzler** • Reigen • **Friedrich Schiller** • Kabale und Liebe • **Nicolo Machiavelli** • Der Fürst • **Gotthold E. Lessing** • Nathan der Weise • **Augustinus** • Die Bekenntnisse des heiligen Augustinus • **Marcus Aurelius** • Selbstbetrachtungen • **Charles Baudelaire** • Die Blumen des Bösen • **Harriett Stowe** • Onkel Toms Hütte • **Walter Benjamin** • Deutsche Menschen • **Hugo Bettauer** • Die Stadt ohne Juden • **Lewis Caroll** • *und viele mehr….*

Oswald Spengler

Jahre der Entscheidung

Deutschland und die weltgeschichtliche Entwicklung

Inhalt

Einleitung

> Im Zwange der Welt
> Weben die Nornen
> Sie können nichts wenden noch wandeln
> *Richard Wagner, Siegfried*

Niemand konnte die nationale Umwälzung dieses Jahres mehr herbeisehnen als ich. Ich habe die schmutzige Revolution von 1918 vom ersten Tage an gehaßt, als den Verrat des minderwertigen Teils unseres Volkes an dem starken, unverbrauchten, der 1914 aufgestanden war, weil er eine Zukunft haben konnte und haben wollte. Alles, was ich seitdem über Politik schrieb, war gegen die Mächte gerichtet, die sich auf dem Berg unseres Elends und Unglücks mit Hilfe unserer Feinde verschanzt hatten, um diese Zukunft unmöglich zu machen. Jede Zeile sollte zu ihrem Sturz beitragen, und ich hoffe, daß das der Fall gewesen ist. Irgend etwas mußte kommen, in irgendeiner Gestalt, um die tiefsten Instinkte unseres Blutes von diesem Druck zu befreien, wenn wir bei den kommenden Entscheidungen des Weltgeschehens mitzureden, mitzuhandeln haben und nicht nur ihr Opfer sein sollten. Das große Spiel der Weltpolitik ist nicht zu Ende. Die höchsten Einsätze werden erst gemacht. Es geht für jedes der lebenden Völker um Größe oder Vernichtung. Aber die Ereignisse dieses Jahres geben uns die Hoffnung, daß diese Frage für uns noch nicht entschieden ist, daß wir – wie in der Zeit Bismarcks – irgendwann wieder Subjekt und nicht nur Objekt der Geschichte sein werden. Es sind gewaltige Jahrzehnte, in denen wir leben, gewaltig das heißt furchtbar und glücklos. Größe und Glück sind zweierlei, und die Wahl steht uns nicht offen. Glücklich wird niemand sein, der heute irgendwo in der Welt lebt; aber es ist vielen möglich, die Bahn ihrer Jahre nach persönlichem Willen in Größe oder in Kleinheit zu durchschreiten. Indessen, wer nur Behagen will, verdient es nicht, da zu sein.

Der Handelnde sieht oft nicht weit. Er wird getrieben, ohne das wirkliche Ziel zu kennen. Er würde vielleicht Widerstand leisten, wenn er es sähe, denn die Logik des Schicksals hat nie von menschlichen Wünschen Kenntnis genommen. Aber viel häufiger ist es, daß er in die Irre geht, weil er ein falsches Bild der Dinge um sich und in sich entwickelt hat. Es ist die große Aufgabe des Geschichtskenners, die Tatsachen seiner Zeit zu verstehen und von ihnen aus die Zukunft zu ahnen, zu deuten, zu zeichnen, die kommen wird, ob wir sie wollen oder nicht. Ohne schöpferische, vorwegnehmende, warnende, leitende Kritik ist eine Epoche von solcher Bewußtheit wie die heutige nicht möglich.

Ich werde nicht schelten oder schmeicheln. Ich enthalte mich jedes Werturteils über die Dinge, die erst zu entstehen begonnen haben. Wirklich werten läßt sich ein Ereignis erst, wenn es ferne Vergangenheit ist und die endgültigen Erfolge oder Mißerfolge längst Tatsachen geworden sind, also nach Jahrzehnten. Ein reifes Verständnis Napoleons war nicht vor dem Ende des vorigen Jahrhunderts möglich. Über Bismarck können selbst wir noch keine abschließende Meinung haben. Nur Tatsachen stehen fest, Urteile schwanken und wechseln. Und schließlich: Ein großes Ereignis bedarf des wertenden Urteils der Mitlebenden nicht. Die Geschichte selbst wird es richten, wenn keiner der Handelnden mehr lebt.

Aber das darf heute schon gesagt werden: Der nationale Umsturz von 1933 war etwas Gewaltiges und wird es in den Augen der Zukunft bleiben, durch die elementare, überpersönliche Wucht, mit der er sich vollzog, und durch die seelische Disziplin, mit der er vollzogen wurde. Das war preußisch durch und durch, wie der Aufbruch von 1914, der in einem Augenblick die Seelen verwandelte. Die deutschen Träumer erhoben sich, ruhig, mit imponierender Selbstverständlichkeit, und öffneten der Zukunft einen Weg. Aber eben deshalb müssen sich die Mithandelnden darüber klar sein: Das war kein Sieg, denn die Gegner fehlten. Vor der Gewalt des Aufstandes verschwand sofort alles, was eben noch tätig oder getan war. Es war ein Versprechen künftiger Siege, die in schweren Kämpfen erstritten werden müssen und für die hier erst der Platz geschaffen wurde. Die Führenden haben die volle Verantwortung dafür auf sich genommen und sie müssen wissen oder lernen, was das bedeutet. Es ist eine Aufgabe voll ungeheurer Gefahren, und sie liegt nicht im Inneren Deutschlands, sondern draußen, in der Welt der Kriege und Katastrophen, wo nur die große Politik das Wort führt. Deutschland ist mehr als irgendein Land in das Schicksal aller andern verflochten; es kann weniger als irgendein anderes regiert werden, als ob es etwas für sich wäre. Und außerdem: Es ist nicht die erste nationale Revolution, die sich hier ereignet hat – Cromwell und Mirabeau sind vorangegangen –, aber es ist die erste, die sich in einem politisch ohnmächtigen Lande in sehr gefährlicher Lage vollzieht: das steigert die Schwierigkeit der Aufgaben ins Ungemessene.

Sie sind sämtlich erst gestellt, kaum begriffen, nicht gelöst. Es ist keine Zeit und kein Anlaß zu Rausch und Triumphgefühl. Wehe denen, welche die Mobilmachung mit dem Sieg verwechseln! Eine Bewegung hat eben erst begonnen, nicht etwa das Ziel erreicht, und die großen Fragen der Zeit haben sich dadurch in nichts geändert. Sie gehen nicht Deutschland allein an, sondern die ganze Welt, und sie sind nicht Fragen dieser Jahre, sondern eines Jahrhunderts.

Die Gefahr der Begeisterten ist es, die Lage zu einfach zu sehen. Begeisterung verträgt sich nicht mit Zielen, die über Generationen hinaus liegen. Mit solchen beginnen aber erst die wirklichen Entscheidungen der Geschichte.

Diese Machtergreifung hat sich in einem Wirbel von Stärke und Schwäche vollzogen. Ich sehe mit Bedenken, daß sie täglich mit so viel Lärm gefeiert wird. Es wäre richtiger, wir sparten das für einen Tag wirklicher und endgültiger Erfolge auf, daß heißt außenpolitischer. Es gibt keine andern. Wenn sie einmal errungen sind, werden die Männer des Augenblicks, die den ersten Schritt taten, vielleicht schon längst tot sein, vielleicht vergessen und geschmäht, bis irgendeine Nachwelt sich ihrer Bedeutung erinnert. Die Geschichte ist nicht sentimental, und wehe dem, der sich selbst sentimental nimmt!

In jeder Entwicklung mit solchem Anfang liegen viele Möglichkeiten, deren sich die Teilnehmer selten ganz bewußt sind. Sie kann in Prinzipien und Theorien erstarren, in politischer, sozialer, wirtschaftlicher Anarchie untergehen, ergebnislos zum Anfang zurückkehren, so wie man im Paris von 1793 deutlich fühlte, *que ça changerait* . Dem Rausch der ersten Tage, der oft schon kommende Möglichkeiten verdarb, folgt in der Regel eine Ernüchterung und die Unsicherheit über den „nächsten Schritt“. Es gelangen Elemente zur Macht, welche den Genuß der Macht als Ergebnis betrachten und den Zustand verewigen möchten, der nur für Augenblicke tragbar ist. Richtige Gedanken werden von Fanatikern bis zur Selbstaufhebung übersteigert. Was als Anfang Großes versprach, endet in Tragödie oder Komödie. Wir wollen diese Gefahren beizeiten und nüchtern ins Auge fassen, um klüger zu sein als manche Generation der Vergangenheit.

Wenn aber hier das dauerhafte Fundament einer großen Zukunft gelegt werden soll, auf dem kommende Geschlechter bauen können, so ist das nicht ohne Fortwirken alter Traditionen möglich. Was wir von unseren Vätern her im Blute haben, Ideen ohne Worte, ist allein das, was der Zukunft Beständigkeit verspricht. Was ich vor Jahren als „Preußentum“ gezeichnet hatte, ist wichtig – es hat sich gerade eben bewährt –, nicht irgendeine Art von „Sozialismus“. Wir brauchen eine Erziehung zu preußischer Haltung, wie sie 1870 und 1914 da war und wie sie im Grunde unserer Seelen als beständige Möglichkeit schläft. Nur durch lebendiges Vorbild und sittliche Selbstdisziplin eines befehlenden Standes ist das erreichbar, nicht durch viel Worte oder durch Zwang. Sich selbst beherrschen muß man, um einer Idee dienen zu können, zu innerlichen Opfern aus Überzeugung bereit sein. Wer das mit dem geistigen Druck eines Programms verwechselt, der weiß nicht, wovon hier die Rede ist. Damit komme ich auf das Buch zurück, mit dem ich 1919 den Hinweis auf diese sittliche Notwendigkeit begonnen habe, ohne die sich nichts von Dauer errichten läßt:“Preußentum und Sozialismus“. Alle anderen Weltvölker haben einen Charakter durch ihre Vergangenheit erhalten. Wir hatten keine erziehende Vergangenheit und wir müssen deshalb den Charakter, der als Keim in unserem Blute liegt, erst wecken, entfalten, erziehen.

Diesem Ziel soll auch dieses Werk gewidmet sein, dessen ersten Teil ich hier vorlege. Ich tue, was ich immer getan habe: Ich gebe kein Wunschbild der Zukunft und noch weniger ein Programm zu dessen Verwirklichung, wie es unter Deutschen Mode ist, sondern ein klares Bild der Tatsachen, wie sie sind und sein werden. Ich sehe weiter als andere. Ich sehe nicht nur große Möglichkeiten, sondern auch große Gefahren, ihren Ursprung und vielleicht den Weg, ihnen zu entgehen. Und wenn niemand den Mut hat zu sehen und zu sagen, was er sieht, will ich es tun. Ich habe ein Recht zur Kritik, weil ich immer wieder durch sie das gezeigt habe, was geschehen muß, weil es geschehen wird. Eine entscheidende Reihe von Taten ist begonnen worden. Nichts, was einmal Tatsache ist, läßt sich zurücknehmen. Jetzt müssen wir alle in dieser Richtung fortschreiten, ob wir sie gewollt haben oder nicht. Es wäre kurzsichtig und feige, nein zu sagen. Was der Einzelne nicht tun will, wird die Geschichte mit ihm tun.

Aber das Ja setzt ein Verstehen voraus. Dem soll dies Buch dienen. Es ist eine Warnung vor Gefahren. Gefahren gibt es immer. Jeder Handelnde ist in Gefahr. Gefahr ist das Leben selbst. Aber wer das Schicksal von Staaten und Nationen an sein privates Schicksal geknüpft hat, muß den Gefahren sehend begegnen. Und zum Sehen gehört vielleicht der größere Mut.

Dies Buch ist aus einem Vortrag „Deutschland in Gefahr“ entstanden, den ich 1930 in Hamburg gehalten habe, ohne auf viel Verständnis gestoßen zu sein. Im November 1932 ging ich an die Ausarbeitung, immer noch der gleichen Lage in

Deutschland gegenüber. Am 30. Januar 1933 war es bis zur Seite 106 gedruckt. Ich habe nichts daran geändert, denn ich schreibe nicht für Monate oder das nächste Jahr, sondern für die Zukunft. Was richtig ist, kann durch ein Ereignis nicht aufgehoben werden. Nur den Titel habe ich anders gewählt, um nicht Mißverständnisse zu erzeugen: Nicht die nationale Machtergreifung ist eine Gefahr, sondern die Gefahren waren da, zum Teil seit 1918, zum Teil sehr viel länger, und sie bestehen fort, weil sie nicht durch ein Einzelereignis beseitigt werden können, das erst einer jahrelangen und richtigen Fortentwicklung bedarf, um ihnen gegenüber wirksam zu sein. Deutschland ist in Gefahr. Meine Angst um Deutschland ist nicht kleiner geworden. Der Sieg vom März war zu leicht, um den Siegern über den Umfang der Gefahr, ihren Ursprung und ihre Dauer die Augen zu öffnen.

Niemand kann wissen, zu was für Formen, Lagen und Persönlichkeiten diese Umwälzung führt und was für Gegenwirkungen sie von außen zur Folge hat. Jede Revolution verschlechtert die außenpolitische Lage eines Landes, und allein um dem gewachsen zu sein, sind Staatsmänner vom Range Bismarcks nötig. Wir stehen vielleicht schon dicht vor dem zweiten Weltkrieg mit unbekannter Verteilung der Mächte und nicht vorauszusehenden – militärischen, wirtschaftlichen, revolutionären – Mitteln und Zielen. Wir haben keine Zeit, uns auf innerpolitische Angelegenheiten zu beschränken. Wir müssen für jedes denkbare Ereignis „in Form“ sein. Deutschland ist keine Insel. Wenn wir nicht unser Verhältnis zur Welt als das wichtigste Problem gerade für uns sehen, geht das Schicksal – und was für ein Schicksal – erbarmungslos über uns hinweg.

Deutschland ist das entscheidendste Land der Welt, nicht nur seiner Lage wegen, an der Grenze von Asien, weltpolitisch heute dem wichtigsten Erdteil, sondern auch weil die Deutschen noch jung genug sind, um die weltgeschichtlichen Probleme in sich zu erleben, zu gestalten, zu entscheiden, während andere Völker zu alt und starr geworden sind, um mehr als eine Abwehr aufzubringen. Aber auch großen Problemen gegenüber enthält der Angriff das größere Versprechen des Sieges.

Das habe ich beschrieben. Wird es die gehoffte Wirkung tun?

München, im Juli 1933

Oswald Spengler

Der politische Horizont

1

Hat heute irgendein Mensch der weißen Rassen einen Blick für das, was ringsumher auf dem Erdball vor sich geht? Für die Größe der Gefahr, die über dieser Völkermasse liegt und droht? Ich rede nicht von der gebildeten oder ungebildeten Menge unserer Städte, den Zeitungslesern, dem Stimmvieh der Wahltage – wobei zwischen Wählern und Gewählten längst kein Unterschied des Ranges mehr besteht –, sondern von den führenden Schichten der weißen Nationen, soweit sie nicht schon vernichtet sind, von den Staatsmännern, sofern es welche gibt, von den echten Führern der Politik und der Wirtschaft, der Heere und des Denkens. Sieht irgend jemand über diese Jahre und über seinen Erdteil, sein Land, selbst über den engen Kreis seiner Tätigkeit hinaus?

Wir leben in einer verhängnisschweren Zeit. Die großartigste Geschichtsepoche nicht nur der faustischen Kultur Westeuropas mit ihrer ungeheuren Dynamik, sondern eben um dieser willen der gesamten Weltgeschichte ist angebrochen, größer und weit furchtbarer als die Zeiten Cäsars und Napoleons. Aber wie blind sind die Menschen, über die dieses gewaltige Schicksal hinwegbraust, sie durcheinanderwirbelnd, erhebend oder vernichtend. Wer von ihnen sieht und begreift, was mit ihnen und um sie her geschieht? Vielleicht ein alter weiser Chinese oder Inder, der schweigend, mit einer tausendjährigen Vergangenheit des Denkens im Geiste um sich blickt – aber wie flach, wie eng, wie klein gedacht ist alles, was an Urteilen, an Maßnahmen in Westeuropa und Amerika hervortritt! Wer begreift von den Bewohnern des Mittleren Westens der Vereinigten Staaten wirklich etwas von dem, was jenseits von New York und San Franzisko vor sich geht? Was ahnt ein Mann der englischen Mittelklasse von dem, was auf dem Festland drüben sich vorbereitet, um von der französischen Provinz zu schweigen? Was wissen sie alle von der Richtung, in welcher ihr eigenes Schicksal sich bewegt? Da entstehen lächerliche Schlagworte wie Überwindung der Wirtschaftskrise, Völkerverständigung, nationale Sicherheit und Autarkie, um Katastrophen im Umfang von Generationen durch prosperity und Abrüstung zu"überwinden".

Aber ich rede hier von Deutschland, das im Sturm der Tatsachen tiefer bedroht ist als irgendein anderes Land, dessen Existenz im erschreckenden Sinne des Wortes in Frage steht. Welche Kurzsichtigkeit und geräuschvolle Flachheit herrschen hier, was für provinziale Standpunkte tauchen auf, wenn von den größten Problemen die Rede ist! Man gründe innerhalb unserer Grenzpfähle das Dritte Reich oder den Sowjetstaat, schaffe das Heer ab oder das Eigentum, die Wirtschaftsführer oder die Landwirtschaft, man gebe den einzelnen Länderchen möglichst viel Selbständigkeit oder beseitige sie, man lasse die alten Herren von der Industrie oder Verwaltung wieder im Stile von 1900 arbeiten oder endlich, man mache eine Revolution, proklamiere die Diktatur, zu der sich dann ein Diktator schon finden wird vier Dutzend Leute fühlen sich dem schon längst gewachsen – und alles ist schön und gut.

Aber Deutschland ist keine Insel. Kein zweites Land ist in dem Grade handelnd oder leidend in das Weltschicksal verflochten. Seine geographische Lage allein, sein Mangel an natürlichen Grenzen verurteilen es dazu. Im 18. und 19. Jahrhundert war es „Mitteleuropa“, im 20. ist es wieder wie seit dem 13. Jahrhundert ein Grenzland gegen „Asien“, und niemand hat es nötiger, politisch und wirtschaftlich weit über die Grenzen hinaus zu denken, als die Deutschen. Alles was in der Ferne geschieht, zieht seine Kreise bis ins Innere Deutschlands.

Aber unsere Vergangenheit rächt sich, diese 700 Jahre jammervoller provinzialer Kleinstaaterei ohne einen Hauch von Größe, ohne Ideen, ohne Ziel. Das läßt sich nicht in zwei Generationen einholen. Und die Schöpfung Bismarcks hatte den großen Fehler, das heranwachsende Geschlecht nicht für die Tatsachen der neuen Form unseres politischen Lebens erzogen zu haben. Man sah sie, aber begriff sie nicht, eignete sie sich innerlich mit ihren Horizonten, Problemen und neuen Pflichten nicht an. Man lebte nicht mit ihnen. Und der Durchschnittsdeutsche sah nach wie vor die Geschicke seines großen Landes parteimäßig und partikularistisch an, das heißt flach, eng, dumm, krähwinkelhaft. Dieses kleine Denken begann, seit die Staufenkaiser mit ihrem Blick über das Mittelmeer hin und die Hansa, die einst von der Schelde bis Nowgorod geherrscht hatte, infolge des Mangels an einer realpolitischen Stützung im Hinterlande anderen, sicherer gegründeten Mächten erlegen waren. Seitdem sperrte man sich in zahllose Vaterländchen und Winkelinteressen ein, maß die Weltgeschichte an deren Horizont und träumte hungernd und armselig von einem Reich in den Wolken, wofür man das Wort Deutscher Idealismus erfand. Zu diesem kleinen, innerdeutschen Denken gehört noch fast alles, was an politischen Idealen und Utopien im Sumpfboden des Weimarer Staates aufgeschossen ist, all die internationalen, kommunistischen, pazifistischen, ultramontanen, föderalistischen,“arischen“Wunschbilder vom Sacrum Imperium, Sowjetstaat oder Dritten Reich. Alle Parteien denken und handeln so, als wenn Deutschland allein auf der Welt wäre. Die Gewerkschaften sehen nicht über die Industriegebiete hinaus. Kolonialpolitik war ihnen von jeher verhaßt, weil sie nicht in das Schema des Klassenkampfes paßte. In ihrer doktrinären Beschränktheit begreifen sie nicht oder wollen nicht begreifen, daß der wirtschaftliche Imperialismus der Zeit um 1900 gerade für den Arbeiter eine Voraussetzung seiner Existenz war mit seiner Sicherung von Absatz der Produkte und Gewinnung von Rohstoffen, was der englische Arbeiter längst begriffen hatte. Die deutsche Demokratie schwärmt für Pazifismus und Abrüstung außerhalb der französischen Machtgrenzen. Die Föderalisten möchten das ohnehin kleine Land wieder in ein Bündel von Zwergstaaten ehemaligen Gepräges verwandeln und damit fremden Mächten Gelegenheit geben, den einen gegen den andern auszuspielen. Und die Nationalsozialisten glauben ohne und gegen die Welt fertig zu werden und ihre Luftschlösser bauen zu können, ohne eine mindestens schweigende aber sehr fühlbare Gegenwirkung von außen her.

2

Dazu kommt die allgemeine Angst vor der Wirklichkeit. Wir „Bleichgesichter" haben sie alle, obwohl wir ihrer sehr selten, die meisten nie bewußt werden. Es ist die seelische Schwäche des späten Menschen hoher Kulturen, der in seinen Städten vom Bauerntum der mütterlichen Erde und damit vom natürlichen Erleben von Schicksal, Zeit und Tod abgeschnitten ist. Er ist allzu wach geworden, an das ewige Nachdenken über das Gestern und Morgen gewohnt und erträgt das nicht, was er sieht und sehen muß: den unerbittlichen Gang der Dinge, den sinnlosen Zufall, die wirkliche Geschichte mit ihrem mitleidlosen Schritt durch die Jahrhunderte, in die der einzelne mit seinem winzigen Privatleben an bestimmter Stelle unwiderruflich hineingeboren ist. Das ist es, was er vergessen, widerlegen, abstreiten möchte. Er flieht aus der Geschichte in die Einsamkeit, in erdachte und weltfremde Systeme, in irgendeinen Glauben, in den Selbstmord. Er steckt, als ein grotesker Vogel Strauß, seinen Kopf in Hoffnungen, Ideale, in feigen Optimismus: es ist so, aber es soll nicht so sein, also ist es anders. Wer nachts im Walde singt, tut es aus Angst. Aus derselben Angst schreit heute die Feigheit der Städte ihren angeblichen Optimismus in die Welt hinaus. Sie vertragen die Wirklichkeit nicht mehr. Sie setzen ihr Wunschbild der Zukunft an die Stelle der Tatsachen – obwohl die Geschichte sich noch nie um Wünsche der Menschen gekümmert hat –, vom

Schlaraffenland der kleinen Kinder bis zum Weltfrieden und Arbeiterparadies der großen.

So wenig man von den Ereignissen der Zukunft weiß – nur die allgemeine Form künftiger Tatsachen und deren Schritt durch die Zeiten läßt sich aus dem Vergleich mit anderen Kulturen erschließen –, so sicher ist es, daß die bewegenden Mächte der Zukunft keine anderen sind als die der Vergangenheit: der Wille des Stärkeren, die gesunden Instinkte, die Rasse, der Wille zu Besitz und Macht: und darüber hin schwanken wirkungslos die Träume, die immer Träume bleiben werden: Gerechtigkeit, Glück und Friede.

Dazu kommt aber für unsere Kultur seit dem 16. Jahrhundert die rasch wachsende Unmöglichkeit für die meisten, die immer verwickelter und undurchsichtiger werdenden Ereignisse und Lagen der großen Politik und Wirtschaft noch zu übersehen und die in ihnen wirkenden Mächte und Tendenzen zu begreifen, geschweige denn zu beherrschen. Die echten Staatsmänner werden immer seltener. Das meiste, was in der Geschichte dieser Jahrhunderte gemacht und nicht geschehen ist, ist von Halbkennern und Dilettanten gemacht worden, die Glück hatten. Aber sie konnten sich immerhin auf die Völker verlassen, deren Instinkt sie gewähren ließ. Erst heute ist dieser Instinkt so schwach und die redselige Kritik aus fröhlicher Ungewißheit so stark geworden, daß die wachsende Gefahr besteht, ein wirklicher Staatsmann und Kenner der Dinge werde nicht etwa instinktiv gebilligt oder auch nur murrend ertragen, sondern durch den Widerstand aller Besserwisser gehindert, das zu tun, was getan werden muß. Das erste konnte Friedrich der Große erfahren, das letzte wurde beinahe das Schicksal Bismarcks. Die Größe und die Schöpfungen solcher Führer würdigen können erst späte Geschlechter und nicht einmal die. Aber es kommt darauf an, daß die Gegenwart sich auf Undank und Unverständnis beschränkt und nicht zu Gegenwirkungen übergeht. Besonders die Deutschen sind groß darin, schöpferische Taten zu beargwöhnen, zu bekritteln, zu vereiteln. Die historische Erfahrung und die Stärke der Tradition, wie sie im englischen Leben zu Hause sind, gehen ihnen ab. Das Volk der Dichter und Denker, das im Begriff ist, ein Volk der Schwätzer und Hetzer zu werden! Jeder wirkliche Staatslenker ist unpopulär, die Folge der Angst, Feigheit und Unkenntnis der Zeitgenossen, aber selbst um das zu verstehen, muß man mehr sein als ein „Idealist“.

Wir befinden uns heute noch im Zeitalter des Rationalismus, das im 18. Jahrhundert begann und im 20. rasch zu Ende geht. Wir sind alle seine

Geschöpfe, ob wir es wissen und wollen oder nicht. Das Wort ist jedem geläufig, aber wer weiß, was alles dazu gehört? Es ist der Hochmut des städtischen, entwurzelten, von keinem starken Instinkt mehr geleiteten Geistes, der auf das blutvolle Denken der Vergangenheit und die Weisheit alter Bauerngeschlechter mit Verachtung herabsieht. Es ist die Zeit, in der jeder lesen und schreiben kann und deshalb mitreden will und alles besser versteht. Dieser Geist ist von Begriffen besessen, den neuen Göttern dieser Zeit, und er übt Kritik an der Welt: sie taugt nichts, wir können das besser machen, wohlan, stellen wir ein Programm der besseren Welt auf! Nichts ist leichter als das, wenn man Geist hat. Verwirklichen wird es sich dann wohl von selbst. Wir nennen das einstweilen den „Fortschritt der Menschheit". Da es einen Namen hat, ist es da. Wer daran zweifelt, ist beschränkt, ein Reaktionär, ein Ketzer, vor allem ein Mensch ohne demokratische Tugend: aus dem Wege mit ihm! So ist die Angst vor der Wirklichkeit vom geistigen Hochmut überwunden worden, dem Dünkel aus Ungewißheit in allen Dingen des Lebens, aus seelischer Armut, aus Mangel an Ehrfurcht, zuletzt aus weltfremder Dummheit, denn nichts ist dümmer als die wurzellose städtische Intelligenz. In englischen Kontoren und Klubs nannte man sie *common sense*, in französischen Salons *esprit*, in deutschen Gelehrtenstuben die reine Vernunft. Der flache Optimismus des Bildungsphilisters beginnt die elementaren Tatsachen der Geschichte nicht mehr zu fürchten, sondern zu verachten. Jeder Besserwisser will sie in sein erfahrungsfremdes System einordnen, sie begrifflich vollkommener machen als sie wirklich sind, sie sich im Geiste Untertan wissen, weil er sie nicht mehr erlebt, sondern nur noch erkennt. Dieser doktrinäre Hang zur Theorie aus Mangel an Erfahrung, besser: aus mangelnder Begabung Erfahrungen zu machen, äußert sich literarisch im unermüdlichen Entwerfen von politischen, sozialen und wirtschaftlichen Systemen und Utopien, praktisch in der Wut des Organisierens, die zum abstrakten Selbstzweck wird und Bürokratien zur Folge hat, die an ihrem eigenen Leerlauf zugrunde gehen oder lebendige Ordnungen zugrunde richten. Der Rationalismus ist im Grunde nichts als Kritik, und der Kritiker ist das Gegenteil des Schöpfers: er zerlegt und fügt zusammen: Empfängnis und Geburt sind ihm fremd. Deshalb ist sein Werk künstlich und leblos und tötet, wenn es mit wirklichem Leben zusammentrifft. All diese Systeme und Organisationen sind auf dem Papier entstanden, methodisch und absurd, und leben nur auf dem Papier. Das beginnt zur Zeit Rousseaus und Kants mit philosophischen, sich im Allgemeinen verlierenden Ideologien, geht im 19. Jahrhundert zu wissenschaftlichen Konstruktionen über mit naturwissenschaftlicher, physikalischer, darwinistischer Methode – Soziologie, Nationalökonomie, materialistische Geschichtsschreibung – und verliert sich im 20. im Literatentum der Tendenzromane und Parteiprogramme.

Aber man täusche sich nicht: Idealismus und Materialismus gehören gleichmäßig dazu. Sie sind beide rationalistisch durch und durch, Kant nicht weniger als Voltaire und Holbach, Novalis ebenso wie Proudhon, die Ideologen der Befreiungskriege ebenso wie Marx, die materialistische Auffassung der Geschichte in demselben Grade wie die idealistische: Ob man als deren"Sinn" und „Zweck" den Fortschritt, die Technik, die „Freiheit", das „Glück der meisten" ansieht, oder die Blüte von Kunst, Dichtung und Denken, das macht wenig aus. In beiden Fällen hat man nicht bemerkt, das das Schicksal in der Geschichte von ganz anderen, robusteren Mächten abhängt. Menschengeschichte ist Kriegsgeschichte. Von den wenigen echten Historikern von Rang ist keiner populär geworden, und von den Staatsmännern wurde Bismarck es erst, als es ihm nichts mehr half.

Aber ebenso wie Idealismus und Materialismus ist die Romantik ein Ausdruck rationalistischer Überhebung aus Mangel an Sinn für die Wirklichkeit. Sie sind im tiefsten Grunde verwandt und es wird schwer sein, bei irgendeinem politischen oder sozialen Romantiker die Grenze zwischen diesen Richtungen des Denkens zu finden. In jedem bedeutenden Materialisten steckt ein heimlicher Romantiker. Gewiß, man verachtet den kalten, flachen, methodischen Geist der andern, aber man besitzt selbst genug davon, um es mit den gleichen Mitteln, dem gleichen Dünkel zu tun. Romantik ist kein Zeichen starker Instinkte, sondern schwachen, sich selbst hassenden Intellekts. Sie sind alle infantil, diese Romantiker, Männer, die zu lange oder immer Kinder geblieben sind, ohne die Kraft zur Selbstkritik, aber mit ewigen Hemmungen aus dem dumpfen Bewußtsein persönlicher Schwäche und von dem kranken Gedanken getrieben, die Gesellschaft abzuändern, die ihnen zu männlich, zu gesund, zu nüchtern ist, nicht mit dem Messer und Revolver wie in Rußland, beileibe nicht, sondern mit edlem Gerede und poetischen Theorien. Wehe ihnen, wenn sie nicht künstlerische Begabung genug besitzen, um sich die fehlende Gestaltungskraft wenigstens einzureden! Aber auch da sind sie weibisch und schwächlich: sie können keinen großen Roman, keine strenge Tragödie auf die Beine stellen, noch weniger eine geschlossene starke Philosophie; nur innerlich formlose Lyrik, blutleere Schemata und fragmentarische Gedanken kommen zum Vorschein, weltfremd und weltfeindlich bis zur Absurdität. Aber so waren auch die ewigen"Jünglinge" nach 1815 mit ihren altteutschen Röcken und Tabakspfeifen, auch Jahn und Arndt; selbst Stein konnte seinen romantischen Geschmack an altertümlichen Staatsordnungen nicht so weit bändigen, um von seiner großen praktischen Erfahrung den diplomatisch erfolgreichen Gebrauch zu machen. Gewiß, sie waren heldenhaft, edel und jeden Augenblick bereit Märtyrer zu sein, aber sie sprachen zu viel von deutschem Wesen und zu wenig von Eisenbahnen und Zollverein, und deshalb sind sie für die wirkliche Zukunft Deutschlands nur ein Hindernis gewesen. Haben sie je den Namen des großen Friedrich List gehört, der 1846 Selbstmord beging, weil niemand seine vorausschauenden realpolitischen Ziele – den Aufbau einer deutschen Nationalwirtschaft – begriff und unterstützte? Aber die Namen Arminius und Thusnelda kannten sie alle.

Und genau dieselben ewigen Jünglinge sind heute wieder da, unausgereift, ohne irgend eine Erfahrung oder den guten Willen dazu, aber frischweg über Politik schreibend und mitredend, von Uniformen und Abzeichen begeistert und mit dem fanatischen Glauben an irgend eine Theorie. Es gibt eine Sozialromantik des schwärmerischen Kommunismus, eine politische Romantik, die Wahlziffern und den Rausch von Massenreden für Taten hält, und eine Wirtschaftsromantik, die ohne alle Kenntnis der inneren Formen realer Wirtschaft hinter den Geldtheorien kranker Gehirne herläuft. Sie fühlen sich nur in Masse, weil sie da das dunkle Gefühl ihrer Schwäche betäuben können, indem sie sich multiplizieren. Und das nennen sie Überwindung des Individualismus.

Und sie sind, wie alle Rationalisten und Romantiker, sentimental wie ein Gassenhauer. Schon der *Contrat social* und die Menschenrechte stammen aus dem Zeitalter der Empfindsamkeit. Burke betonte als echter Staatsmann demgegenüber mit Recht, daß sie da drüben ihre Rechte nicht als Menschen, sondern als Engländer forderten. Das war praktisch und politisch gedacht, nicht rationalistisch aus Zuchtlosigkeit der Gefühle. Denn diese üble Sentimentalität, die über allen theoretischen Strömungen dieser zwei Jahrhunderte liegt, dem Liberalismus, Kommunismus, Pazifismus, über allen Büchern, Reden und Revolutionen, stammt aus seelischer Unbeherrschtheit, aus persönlicher Schwäche, aus Mangel an Zucht durch eine strenge alte Tradition. Sie ist „bürgerlich" oder „plebejisch", soweit das Schimpfworte sind. Sie sieht die menschlichen Dinge, die Geschichte, das politische und wirtschaftliche Schicksal von unten, klein und kleinlich, aus dem Kellerfenster, von der Gasse, dem Literatencafé, der Volksversammlung her, nicht aus der Höhe und Ferne.

Jede Art von Größe, alles was aufragt, herrscht, überlegen ist, ist ihr verhaßt, und Aufbau bedeutet ihr in Wirklichkeit den Abbau aller Schöpfungen der Kultur, des Staates, der Gesellschaft bis zum Niveau der kleinen Leute, über das ihr armseliges Gefühl nicht begreifend hinausragt. Das allein ist heute volkstümlich und volksfreundlich, denn „Volk" bedeutet im Munde jedes Rationalisten und Romantikers nicht die formvolle, vom Schicksal im Laufe langer Zeiten gestaltete, geschichtete Nation, sondern den Teil der flachen formlosen Masse, den jeder gerade als seinesgleichen empfindet, vom „Proletariat" bis zur „Menschheit".

Diese Herrschaft des städtischen wurzellosen Geistes geht heute zu Ende. Als letzte Art des Verstehens der Dinge wie sie sind erscheint die Skepsis, der gründliche Zweifel an Sinn und Wert des theoretischen Nachdenkens, an dessen Fähigkeit, kritisch und begrifflich irgend etwas zu erschließen und praktisch irgend etwas zu leisten: die Skepsis in Form der großen historischen und physiognomischen Erfahrung, des unbestechlichen Blickes für Tatsachen, der wirklichen Menschenkenntnis, die lehrt, wie der Mensch war und ist und nicht wie er sein sollte, des echten Geschichtsdenkens, das unter anderem lehrt, wie oft solche Zeitalter der allmächtigen Kritik schon da waren und wie erfolglos sie vergangen sind; die Ehrfurcht vor den Tatsachen des Weltgeschehens, die innerlich Geheimnisse sind und bleiben, die wir nur beschreiben und nicht erklären können und die praktisch nur durch Menschen von starker Rasse, die selbst historische Tatsachen sind, gemeistert werden können und nicht durch sentimentale Programme und Systeme. Dieses harte historische Wissen um die Tatsachen, wie es in diesem Jahrhundert beginnt, ist den weichen, unbeherrschten Naturen unerträglich. Sie hassen den, der sie feststellt, und nennen ihn einen Pessimisten. Nun gut, aber dieser starke Pessimismus, zu dem die Menschenverachtung aller großen Tatmenschen gehört, die Menschenkenner sind, ist etwas ganz anders als der feige der kleinen müden Seelen, welche das Leben fürchten und den Blick auf die Wirklichkeit nicht ertragen. Das erhoffte Leben in Glück, Frieden, ohne Gefahr, in breitem Behagen ist langweilig, greisenhaft und ist außerdem nur denkbar, nicht möglich. An dieser Tatsache, an der Wirklichkeit der Geschichte, scheitert jede Ideologie.

3

Was die augenblickliche Weltlage betrifft, so sind wir alle in Gefahr, sie falsch zu sehen. Seit dem Amerikanischen Bürgerkrieg (1865), dem Deutsch-

Französischen Krieg (1870) und der Viktorianischen Zeit hat sich bis 1914 ein so unwahrscheinlicher Zustand von Ruhe, Sicherheit, friedlichem und sorglos fortschreitendem Dasein über die weißen Völker verbreitet, daß man in allen Jahrhunderten vergebens nach etwas Ähnlichem sucht. Wer das erlebt hat oder von anderen davon hört, erliegt immer wieder der Neigung, es für normal zu halten, die wüste Gegenwart als Störung dieses natürlichen Zustandes aufzufassen und zu wünschen, daß es „endlich einmal wieder aufwärts" gehe. Nun, das wird nicht der Fall sein. Dergleichen wird nie wiederkommen. Man kennt die Gründe nicht, die diesen auf die Länge unmöglichen Zustand herbeigeführt haben: die Tatsache, daß die stehenden und immer wachsenden Heere einen Krieg so unberechenbar machten, daß kein Staatsmann mehr einen zu führen wagte; die Tatsache, daß die technische Wirtschaft sich in einer fieberhaften Bewegung befand, die ein rasches Ende nehmen mußte, weil sie sich auf rasch hinschwindende Bedingungen stützte; und endlich die Tatsache, daß durch beides die schweren ungelösten Probleme der Zeit immer weiter auf- und den Söhnen und Enkeln zugeschoben wurden, als üble Erbschaft kommender Geschlechter, bis man nicht mehr an ihr Vorhandensein glaubte, obwohl sie in ständig wachsender Spannung aus der Zukunft herüberdrohten.

Einen langen Krieg ertragen wenige, ohne seelisch zu verderben; einen langen Frieden erträgt niemand. Diese Friedenszeit von 1870 bis 1914 und die Erinnerung an sie hat alle weißen Menschen satt, begehrlich, urteilslos und unfähig gemacht, Unglück zu ertragen: die Folge sehen wir in den utopischen Vorstellungen und Forderungen, mit denen heute jeder Demagoge auftritt, Forderungen an die Zeit, die Staaten, die Parteien, vor allem"die anderen", ohne an die Grenzen des Möglichen, an Pflichten, Leistungen und Entsagung auch nur zu erinnern.

Dieser allzu lange Friede über dem vor wachsender Erregung zitternden Boden ist eine furchtbare Erbschaft. Kein Staatsmann, keine Partei, kaum ein politischer Denker steht heute sicher genug, um die Wahrheit zu sagen. Sie lügen alle, sie stimmen alle in den Chorus der verwöhnten und unwissenden Menge ein, die es morgen so und noch besser haben will wie einst, obwohl die Staatsmänner und Wirtschaftsführer die furchtbare Wirklichkeit besser kennen sollten. Aber was für Führer haben wir heute in der Welt! Dieser feige und unehrliche Optimismus kündet jeden Monat einmal die"wiederkehrende" Konjunktur und *prosperity* an, sobald ein paar Haussespekulanten die Kurse flüchtig steigen lassen; das Ende der Arbeitslosigkeit, sobald irgendwo 100 Mann eingestellt werden, und vor allem die erreichte „Verständigung“ der Völker, sobald der Völkerbund, dieser Schwarm von Sommerfrischlern, die am Genfer See schmarotzen, irgendeinen Entschluß faßt. Und in allen Versammlungen und Zeitungen hallt das Wort Krise wider als der Ausdruck für eine vorübergehende Störung des Behagens, mit dem man sich über die Tatsache belügt, daß es sich um eine Katastrophe von unabsehbaren Ausmaßen handelt, die normale Form, in der sich die großen Wendungen der Geschichte vollziehen.

Denn wir leben in einer gewaltigen Zeit. Es ist die größte, welche die Kultur des Abendlandes je erlebt hat und erleben wird, dieselbe, welche die Antike von Cannä bis Aktium erlebt hat, dieselbe, aus der die Namen Hannibal, Scipio, Gracchus, Marius, Sulla, Cäsar herüberleuchten. Der Weltkrieg war für uns nur der erste Blitz und Donner aus der Gewitterwolke, die schicksalsschwer über dieses Jahrhundert dahinzieht. Die Form der Welt wird heute aus dem Grunde umgeschaffen wie damals durch das beginnende Imperium Romanum, ohne daß das Wollen und Wünschen“der meisten“ beachtet und ohne daß die Opfer gezählt werden, die jede solche Entscheidung fordert. Aber wer versteht das? Wer erträgt das? Wer empfindet es als Glück, dabei zu sein? Die Zeit ist gewaltig, aber um so kleiner sind die Menschen. Sie ertragen keine Tragödie mehr, weder auf der Bühne noch in Wirklichkeit. Sie wollen das *happy end* flacher Unterhaltungsromane, kümmerlich und müde wie sie sind. Aber das Schicksal, das sie in diese Jahrzehnte hineingeworfen hat, packt sie beim Kragen und tut mit ihnen, was getan werden muß, ob sie nun wollen oder nicht. Die feige Sicherheit vom Ausgang des vorigen Jahrhunderts ist zu Ende. Das Leben in Gefahr, das eigentliche Leben der Geschichte, tritt wieder in sein Recht. Alles ist ins Gleiten gekommen. Jetzt zählt nur der Mensch, der etwas wagt, der den Mut hat, die Dinge zu sehen und zu nehmen, wie sie sind. Die Zeit kommt – nein, sie ist schon da! –, die keinen Raum mehr hat für zarte Seelen und schwächliche Ideale. Das uralte Barbarentum, das jahrhundertelang unter der Formenstrenge einer hohen Kultur verborgen und gefesselt lag, wacht wieder auf, jetzt wo die Kultur vollendet ist und die Zivilisation begonnen hat, jene kriegerische gesunde Freude an der eigenen Kraft, welche das mit Literatur gesättigte Zeitalter des rationalistischen Denkens verachtet, jener ungebrochene Instinkt der Rasse, der anders leben will als unter dem Druck der gelesenen Büchermasse und Bücherideale. Im westeuropäischen Volkstum lebt noch genug davon, auch in den amerikanischen Prärien und darüber hinaus in der großen nordasiatischen Ebene, wo die Welteroberer wachsen.

Ist das“Pessimismus“? Wer es so empfindet, hat also die fromme Lüge oder den Schleier der Ideale und Utopien nötig, um vor dem Anblick der Wirklichkeit geschützt, von ihm erlöst zu sein? Es ist möglich, daß das die Mehrzahl der weißen Menschen tut, sicherlich in diesem Jahrhundert, ob aber auch in den folgenden? Ihre Vorfahren in der Zeit der Völkerwanderung und der Kreuzzüge waren anders. Sie verachteten das als Feigheit. Aus dieser Feigheit vor dem Leben sind in der indischen Kultur auf gleicher Zeitstufe der Buddhismus und die verwandten Richtungen entstanden, die unter uns beginnen Mode zu werden. Es ist wohl möglich, daß hier eine Spätreligion des Abendlandes in Bildung begriffen ist, vielleicht in christlicher Verkleidung, vielleicht nicht, wer kann das wissen? Die religiöse“Erneuerung“, welche den Rationalismus als Weltanschauung ablöst, enthält vor allem doch die Möglichkeit der Entstehung neuer Religionen. Die müden, feigen, vergreisten Seelen wollen sich aus dieser Zeit in irgend etwas flüchten, das sie durch Wunderlichkeiten der Lehren und Bräuche besser in Vergessenheit wiegt, als es offenbar die christlichen Kirchen vermögen. Das *credo quia absurdum* ist wieder obenauf. Aber die Tiefe des Weltleidens, ein Gefühl, das so alt ist wie das Grübeln über die Welt selbst, die Klage über die Absurdität der Geschichte und die Grausamkeit des Lebens stammt nicht aus den Dingen, sondern aus dem kranken Denken über sie. Es ist das vernichtende Urteil über den Wert und die Kraft der eigenen Seele. Ein tiefer Weltblick ist nicht notwendig mit Tränen gesättigt.

Es gibt ein nordisches Weltgefühl – von England bis nach Japan hin – voll Freude gerade an der Schwere des menschlichen Schicksals. Man fordert es heraus, um es zu besiegen. Man geht stolz zugrunde, wenn es sich stärker erweist als der eigene Wille. So war die Anschauung in den alten echten Stücken des Mahabharata, die vom Kampf zwischen den Kurus und Pandus berichten, bei Homer, Pindar und Aischylos, in der germanischen Heldendichtung und bei Shakespeare, in manchen Liedern des chinesischen Schuking und im Kreise der japanischen Samurai. Es ist die tragische Auffassung des Lebens, die heute nicht ausgestorben ist, die in Zukunft eine neue Blüte erleben wird und sie im Weltkrieg schon erlebt hat. Deshalb sind alle ganz großen Dichter aller nordischen Kulturen Tragiker gewesen und die Tragödie über Ballade und Epos hinaus war die tiefste Form dieses tapferen Pessimismus. Wer keine Tragödie erleben, keine ertragen kann, kann auch keine Gestalt von Weltwirkung sein. Wer Geschichte nicht erlebt, wie sie wirklich ist, nämlich tragisch, vom Schicksal durchweht, vor dem Auge der Nützlichkeitsanbeter also ohne Sinn, Ziel und

Moral, der ist auch nicht imstande, Geschichte zu machen. Hier scheidet sich das überlegene und das unterlegene Ethos des menschlichen Seins. Das Leben des einzelnen ist niemand wichtig als ihm selbst: ob er es aus der Geschichte flüchten oder für sie opfern will, darauf kommt es an. Die Geschichte hat mit menschlicher Logik nichts zu tun. Ein Gewitter, ein Erdbeben, ein Lavastrom, die wahllos Leben vernichten, sind den planlos elementaren Ereignissen der Weltgeschichte verwandt. Und wenn auch Völker zugrunde gehen und alte Städte altgewordener Kulturen brennen oder in Trümmer sinken, deshalb kreist doch die Erde ruhig weiter um die Sonne und die Sterne ziehen ihre Bahn.

Der Mensch ist ein Raubtier. Ich werde es immer wieder sagen. All die Tugendbolde und Sozialethiker, die darüber hinaus sein oder gelangen wollen, sind nur Raubtiere mit ausgebrochenen Zähnen, die andere wegen der Angriffe hassen, die sie selbst weislich vermeiden. Seht sie doch an: sie sind zu schwach, um ein Buch über Kriege zu lesen, aber sie laufen auf der Straße zusammen, wenn ein Unglück geschehen ist, um ihre Nerven an dem Blut und Geschrei zu erregen, und wenn sie auch das nicht mehr wagen können, dann genießen sie es im Film und in illustrierten Blättern. Wenn ich den Menschen ein Raubtier nenne, wen habe ich damit beleidigt, den Menschen – oder das Tier? Denn die großen Raubtiere sind edle Geschöpfe in vollkommenster Art und ohne die Verlogenheit menschlicher Moral aus Schwäche.

Sie schreien: Nie wieder Krieg! – aber sie wollen den Klassenkampf. Sie sind entrüstet, wenn ein Lustmörder hingerichtet wird, aber sie genießen es heimlich, wenn sie den Mord an einem politischen Gegner erfahren. Was haben sie je gegen die Schlächtereien der Bolschewisten einzuwenden gehabt? Nein, der Kampf ist die Urtatsache des Lebens, ist das Leben selbst, und es gelingt auch dem jämmerlichsten Pazifisten nicht, die Lust daran in seiner Seele ganz auszurotten. Zum mindesten theoretisch möchte er alle Gegner des Pazifismus bekämpfen und vernichten.

Je tiefer wir in den Cäsarismus der faustischen Welt hineinschreiten, desto klarer wird sich entscheiden, wer ethisch zum Subjekt und wer zum Objekt des historischen Geschehens bestimmt ist. Der triste Zug der Weltverbesserer, der seit Rousseau durch diese Jahrhunderte trottete und als einziges Denkmal seines Daseins Berge bedruckten Papiers auf dem Wege zurückließ, ist zu Ende. Die Cäsaren werden an ihre Stelle treten. Die große Politik als die Kunst des Möglichen fern von allen Systemen und Theorien, als die Meisterschaft, mit den

Tatsachen als Kenner zu schalten, die Welt wie ein guter Reiter durch den Schenkeldruck zu regieren, tritt wieder in ihre ewigen Rechte.

Deshalb will ich hier nichts tun als zeigen, in welcher geschichtlichen Lage sich Deutschland und die Welt befinden, wie diese Lage aus der Geschichte vergangener Jahrhunderte mit Notwendigkeit hervorgeht, um unausweichlich auf gewisse Formen und Lösungen zuzuschreiten. Das ist Schicksal. Man kann es verneinen, aber damit verneint man sich selbst.

Die Weltkriege und Weltmächte

4

Die „Weltkrise" dieser Jahre wird, wie schon das Wort beweist, viel zu flach, zu leicht und zu einfach aufgefaßt, je nach dem Standort, den Interessen, dem Horizont des Beurteilers: als Krise der Produktion, der Arbeitslosigkeit, der Währung, der Kriegsschulden und Reparationen, der Außen- oder der Innenpolitik, vor allem als Folge des Weltkrieges, der sich nach Meinung der Leute bei größerer diplomatischer Ehrlichkeit und Geschicklichkeit hätte vermeiden lassen. Man redet, vor allem mit dem Seitenblick auf Deutschland, von Kriegswillen und Kriegsschuld. Natürlich hätten Iswolski, Poincaré und Grey die Absicht aufgegeben, die vollzogene Einkreisung Deutschlands durch einen Krieg, dessen einleitende strategische Operationen 1911 in Tripolis und 1912 auf dem Balkan begannen, dem gewünschten politischen Ergebnis zuzuführen, wenn sie den heutigen Zustand ihrer Länder hätten ahnen können. Aber wäre damit die gewaltsame Entladung der nicht nur politischen Spannung, vielleicht mit einer etwas anderen und weniger grotesken Verteilung der Mächte, auch nur um ein weiteres Jahrzehnt aufzuhalten gewesen? Die Tatsachen sind immer stärker als die Menschen, und der Umkreis des Möglichen ist selbst für einen großen Staatsmann viel enger, als es der Laie sich denkt. Und was wäre geschichtlich damit geändert worden? Die Form, das Tempo der Katastrophe, nicht diese selbst. Sie war der notwendige Abschluß eines Jahrhunderts abendländischer Entwicklung, das sich seit Napoleon in wachsender Erregung auf sie zu bewegte.

Wir sind in das Zeitalter der Weltkriege eingetreten. Es beginnt im 19. Jahrhundert und wird das gegenwärtige, wahrscheinlich auch das nächste überdauern. Es bedeutet den Übergang von der Staatenwelt des 18. Jahrhunderts zum *Imperium mundi*. Es entspricht den zwei furchtbaren Jahrhunderten zwischen Cannä und Aktium, die von der Form der hellenistischen Staatenwelt einschließlich Roms und Karthagos zum Imperium Romanum hinüberleiteten. Wie dieses den Bereich der antiken Zivilisation und ihrer Ausstrahlungen, die Mittelmeerwelt also, umfaßte, so wird jenes für eine unbekannte Zeitdauer das Schicksal des Erdballs sein. Der Imperialismus ist eine Idee, ob sie nun den Trägern und Vollstreckern zum Bewußtsein kommt oder nicht. Sie wird in unserem Falle vielleicht nie volle Wirklichkeit werden, vielleicht von anderen Ideen durchkreuzt werden, die außerhalb der Welt der weißen Völker Leben gewinnen, aber sie liegt als Tendenz einer großen geschichtlichen Form in allem, was jetzt vor sich geht.

Wir leben heute „zwischen den Zeiten". Die Staatenwelt des Abendlandes war im 18. Jahrhundert ein Gebilde strengen Stils wie die gleichzeitigen Schöpfungen der hohen Musik und Mathematik. Sie war vornehme Form, nicht nur in ihrem Dasein, sondern auch in ihren Handlungen und Gesinnungen. Es herrschte überall eine alte und mächtige Tradition. Es gab vornehme Konventionen des Regierens, der Opposition, der diplomatischen und kriegerischen Beziehungen der Staaten untereinander, des Eingestehens der Niederlage und der Forderungen und Zugeständnisse bei Friedensschlüssen. Die Ehre spielte noch eine unangefochtene Rolle. Alles ging zeremoniös und höflich vor sich wie bei einem Duell.

Seitdem Peter der Große in Petersburg einen Staat von westlichen Formen begründet hatte, beginnt das Wort"Europa"in den allgemeinen Sprachgebrauch der westlichen Völker einzudringen und infolgedessen, wie es üblich ist, unvermerkt auch in das praktische politische Denken und die geschichtliche Tendenz. Bis dahin war es ein gelehrter Ausdruck der geographischen Wissenschaft gewesen, die sich seit der Entdeckung Amerikas am Entwerfen von Landkarten entwickelt hatte. Es ist bezeichnend, daß das türkische Reich, damals noch eine wirkliche Großmacht, welche die ganze Balkanhalbinsel und Teile des südlichen Rußlands besaß, instinktiv nicht dazugerechnet wurde. Und Rußland selbst zählte im Grunde nur als Petersburger Regierung. Wie viele der westlichen Diplomaten kannten denn Astrachan, Nishnij Nowgorod, selbst Moskau, und rechneten sie gefühlsmäßig zu"Europa"? Die Grenze der abendländischen Kultur lag immer dort, wo die deutsche Kolonisation zum Stillstand gekommen war.

In diesem"Europa"bildete Deutschland die Mitte, kein Staat, sondern das Schlachtfeld für wirkliche Staaten. Hier wurde, zum großen Teil mit deutschem Blute, entschieden, wem Vorderindien, Südafrika und Nordamerika gehören sollten. Im Osten lagen Rußland, Österreich und die Türkei, im Westen Spanien und Frankreich, die sinkenden Kolonialreiche, denen die Insel England den Vorrang abgewann, den Spaniern endgültig 1713, den Franzosen seit 1763. England wurde die führende Macht in diesem System, nicht nur als Staat, sondern auch als Stil. Es wurde sehr reich im Verhältnis zum"Kontinent" – England hat sich nie ganz als Bestandteil „Europas" aufgefaßt – und setzt diesen Reichtum in Gestalt gemieteter Soldaten, Matrosen und ganzer Staaten an, die gegen Subsidien für die Interessen der Insel marschierten.

Am Ende des Jahrhunderts hatte Spanien längst aufgehört, eine Großmacht zu sein, und Frankreich war dazu bestimmt, ihm zu folgen: beides altgewordene, verbrauchte Völker, stolz aber müde, der Vergangenheit zugewendet, ohne den wirklichen Ehrgeiz, der von Eitelkeit streng zu scheiden ist, eine schöpferische Rolle auch in der Zukunft zu spielen. Wären Mirabeaus Pläne 1789 gelungen, so wäre eine leidlich beständige konstitutionelle Monarchie entstanden, die sich im wesentlichen mit der Aufgabe begnügt hätte, den Rentnergeschmack der Bourgeoisie und der Bauern zu befriedigen. Unter dem Direktorium lag die Wahrscheinlichkeit vor, daß das Land, resigniert und aller Ideale satt, sich mit jeder Art von Regierung zufrieden gegeben hätte, welche die Ruhe nach außen und innen gewährleistete. Da kam Napoleon, ein Italiener, der Paris zur Basis seiner Machtziele gewählt hatte, und schuf in seinen Heeren den Typus des letzten Franzosen, der noch ein volles Jahrhundert lang Frankreich als Großmacht aufrechterhalten hat: tapfer, elegant, prahlerisch, roh, voller Freude am Töten, Plündern, Zerstören, mit dem Elan ohne Ziel, nur um seiner selbst willen, so daß alle Siege trotz unerhörten Blutvergießens Frankreich nicht den geringsten bleibenden Vorteil gebracht haben. Nur der Ruhm gewann dabei, nicht einmal die Ehre. Im Grunde war es ein Jakobinerideal, das gegenüber dem girondistischen der kleinen Rentner und Spießbürger nie die Mehrheit hinter sich hatte, aber stets die Macht. Mit ihr ziehen statt der vornehmen Formen des *ancien régime* ausgesprochen plebejische in die Politik ein: die Nation als ungegliederte Masse, der Krieg als Aufgebot von Massen, die Schlacht als Verschwendung von Menschenleben, die brutalen Friedensschlüsse, die Diplomatie der Advokatenkniffe ohne Manieren. Aber England hatte ganz Europa und seinen ganzen Reichtum nötig, um diese Schöpfung eines einzelnen

Mannes zu vernichten, die dennoch als Gedanke weiterlebte. Auf dem Wiener Kongreß siegte noch einmal das 18. Jahrhundert über die neue Zeit. Das hieß seitdem"konservativ".

Es war nur ein scheinbarer Sieg, dessen Erfolg das ganze Jahrhundert hindurch beständig in Frage gestellt war. Metternich, dessen politischer Blick – was man auch gegen seine Person sagen mag – tiefer in die Zukunft drang als der irgendeines Staatsmannes nach Bismarck, sah das mit unerbittlicher Klarheit: „Mein geheimster Gedanke ist, daß das alte Europa am Anfang seines Endes ist. Ich werde, entschlossen mit ihm unterzugehen, meine Pflicht zu tun wissen. Das neue Europa ist anderseits noch im Werden; zwischen Ende und Anfang wird es ein Chaos geben."Nur um dieses Chaos solange als möglich zu verhindern, entstand das System des Gleichgewichts der großen Mächte, beginnend mit der Heiligen Allianz zwischen Österreich, Preußen und Rußland. Verträge wurden geschlossen, Bündnisse gesucht, Kongresse abgehalten, um nach Möglichkeit jede Erschütterung des politischen"Europa"zu verhindern, das sie nicht ertragen hätte; und wenn trotzdem ein Krieg zwischen einzelnen Mächten ausbrach, rüsteten sofort die Neutralen, um beim Friedensschluß trotz geringer Grenzverschiebungen das Gleichgewicht aufrechtzuerhalten: der Krimkrieg ist ein klassisches Beispiel. Nur eine Neubildung ist erfolgt: Deutschland, die persönliche Schöpfung Bismarcks, wurde eine Großmacht, und zwar in der Mitte des Systems der älteren. In dieser schlichten Tatsache liegt der Keim einer Tragik, die durch nichts zu umgehen war. Aber solange Bismarck herrschte – und er hat in Europa geherrscht, mehr als einst Metternich –, änderte sich nichts in dessen politischem Gesamtbild. Europa war unter sich; niemand mischte sich in seine Angelegenheiten. Die Weltmächte waren ohne Ausnahme europäische Mächte. Und die Angst vor dem Ende dieses Zustandes – das, was Bismarck *le cauchemar des coalitions* nannte, gehört dazu – leitete die Diplomatie aller zugehörigen Staaten.

Aber trotzdem war die Zeit schon 1878 für den ersten Weltkrieg reif. Die Russen standen vor Konstantinopel, England wollte eingreifen, Frankreich und Österreich auch; der Krieg wäre sofort nach Asien und Afrika und vielleicht Amerika ausgedehnt worden, denn die Bedrohung Indiens von Turkestan her, die Frage der Herrschaft über Ägypten und den Suezkanal, chinesische Probleme traten hervor, und dahinter lag der beginnende Wettstreit Londons und Newyorks, das die englischen Sympathien für die Südstaaten im Sezessionskrieg nicht vergessen hatte. Nur die persönliche Überlegenheit Bismarcks schob die

Entscheidung der großen Machtfragen, die auf friedlichem Wege unmöglich war, der Zukunft zu, aber um den Preis, daß nun an die Stelle von wirklichen Kriegen ein Wettrüsten für mögliche trat, eine neue Form des Krieges im gegenseitigen Übertreffen an Zahl der Soldaten, der Geschütze, der Erfindungen, der zur Verfügung stehenden Geldsummen, die die Spannung seitdem längst ins Unerträgliche wachsen ließ. Und eben damals begann, vom Europa der Bismarckzeit gänzlich unbeachtet, Japan unter Mutsuhito (1869) sich zu einer Großmacht europäischen Stils zu entwickeln mit Heer, Taktik und Rüstungsindustrie, und die Vereinigten Staaten zogen die Folgerung aus dem Bürgerkrieg von 1861-65, in welchem das Element der Siedler und Plantagenbesitzer dem der Kohle, der Industrie, der Banken und Börsen erlegen war: der Dollar begann eine Rolle in der Welt zu spielen.

Seit dem Ende des Jahrhunderts wird der Verfall dieses Staatensystems sehr deutlich, allerdings nicht für die leitenden Staatsmänner, unter denen es keinen einzigen von irgendwelcher Bedeutung mehr gibt. Sie erschöpfen sich alle in den gewohnten Kombinationen, Bündnissen und Verständigungen, vertrauen alle für die Dauer ihrer Amtszeit auf die äußere Ruhe, welche durch die stehenden Heere repräsentiert wurde, und denken alle an die Zukunft wie an eine verlängerte Gegenwart. Und über alle Städte Europas und Nordamerikas hin hallt das Triumphgeschrei über den „Fortschritt der Menschheit", der sich in der Länge der Eisenbahnen und Leitartikel, der Höhe der Fabrikschornsteine und radikalen Wahlziffern und der Dicke der Panzerplatten und der Aktienpakete in den Geldschränken täglich bewies; ein Triumphgeschrei, das den Donner amerikanischer Kanonen gegen die spanischen Schiffe in Manila und Havanna und selbst den der neuen japanischen Steilfeuergeschütze übertönte, mit denen die kleinen, vom dummen Europa verwöhnten und bewunderten gelben Männer bewiesen, auf wie schwachen Füßen dessen technische Überlegenheit stand, und mit denen sie das auf seine Westgrenze starrende Rußland sehr nachdrücklich wieder an Asien erinnerten.

Allerdings hatte Rußland gerade jetzt einen Anlaß, sich mit"Europa" zu beschäftigen: Es stand fest, daß Österreich-Ungarn den Tod des Kaisers Franz Joseph nicht oder kaum überleben werde, und es fragte sich, in welchen Formen die Neuordnung dieser weiten Gebiete sich vollziehen und ob das ohne Krieg möglich sein werde. Es gab außer verschiedenen, einander ausschließenden Plänen und Tendenzen im Innern des Donaureiches die Gedanken von hoffenden Nachbarn und darüber hinaus die Erwartungen fernerer Mächte, die hier einen Konflikt wünschten, um anderswo ihren eigenen Zielen näherzukommen. Das Staatensystem Europas als Einheit war nun zu Ende, und der 1878 aufgeschobene Weltkrieg drohte um derselben Probleme willen an derselben Stelle auszubrechen. Es geschah 1912.

Inzwischen begann dieses System in eine Form überzugehen, die heute noch fortdauert und die an den Orbis terrarum der späthellenistischen und römischen Jahrhunderte erinnert: in der Mitte lagen damals die alten Stadtstaaten der Griechen einschließlich Roms und Karthagos und ringsumher der“Kreis der Länder“, der für ihre Entscheidungen die Heere und das Geld lieferte. Aus der Erbschaft Alexanders des Großen stammten Makedonien, Syrien und Ägypten, aus derjenigen Karthagos Afrika und Spanien, Rom hatte Nord- und Süditalien erobert und Cäsar fügte Gallien hinzu. Der Kampf um die Frage, wer das kommende Imperium organisieren und beherrschen sollte, wurde von Hannibal und Scipio bis auf Antonius und Oktavian mit den Mitteln der großen Randgebiete geführt. Und ebenso entwickelten sich die Verhältnisse in den letzten Jahrzehnten vor 1914. Eine Großmacht europäischen Stils war ein Staat, der auf europäischem Boden einige hunderttausend Mann unter Waffen hielt und Geld und Material genug besaß, um sie im Ernstfall auf absehbare Zeit zu verzehnfachen, und der dahinter in fremden Erdteilen weite Randgebiete beherrschte, die mit ihren Flottenstützpunkten, Kolonialtruppen und einer Bevölkerung von Rohstofferzeugern und Produktionsabnehmern die Unterlage für den Reichtum und damit die militärische Stoßkraft des Kernlandes bildeten. Es war die gewissermaßen aktuelle Form des englischen Empire, des französischen Westafrika und des russischen Asien, während in Deutschland die Beschränktheit der Minister und Parteien die jahrzehntelange Gelegenheit versäumt hatte, in Mittelafrika ein großes Kolonialreich zu errichten, das im Kriegsfall auch ohne Verbindung mit der Heimat eine Macht gewesen wäre und jedenfalls die völlige Ausschließung von der See verhindert hätte. Aus dem hastigen Streben, die noch verfügbare Welt in Interessensphären aufzuteilen, ergaben sich die sehr ernsten Reibungen zwischen Rußland und England in Persien und im Golf von Tschili, zwischen England und Frankreich in Faschoda, zwischen Frankreich und Deutschland in Marokko, zwischen allen diesen Mächten in China.

Überall lagen die Anlässe zu einem großen Kriege, der immer wieder mit sehr verschiedener Verteilung der Gegner vor dem Ausbruch stand – im Faschodafalle und im russisch-japanischen Konflikt zwischen Rußland und Frankreich auf der einen, England und Japan auf der anderen Seite –, bis er in einer völlig sinnlosen Form 1914 zur Entwicklung kam. Es war eine Belagerung Deutschlands als des „Reichs der Mitte“ durch die ganze Welt, der letzte Versuch, in alter Weise die großen fernen Fragen auf deutschem Boden auszukämpfen, sinnlos dem Ziel und dem Orte nach; er hätte sofort eine ganz andere Gestalt, andere Ziele und einen anderen Ausgang gewonnen, wenn es gelungen wäre, Rußland frühzeitig zu einem Sonderfrieden mit Deutschland zu bringen, was notwendig den Übergang Rußlands auf die Seite der Mittelmächte zur Folge gehabt haben würde. In dieser Gestalt war der Krieg ein notwendiger Mißerfolg, denn die großen Probleme sind heute so ungelöst wie je und konnten durch die Verbindung von natürlichen Feinden wie England und Rußland, Japan und Amerika gar nicht gelöst werden. Dieser Krieg bezeichnet das Ende aller Traditionen der großen Diplomatie, deren letzter Repräsentant Bismarck gewesen war. Keiner der jämmerlichen Staatsmänner begriff mehr die Aufgaben seines Amtes und die geschichtliche Stellung seines Landes. Mehr als einer hat es seitdem zugestanden, daß er ratlos und ohne sich zu wehren in den Gang der Ereignisse hineingetrieben wurde. So ging die Tatsache „Europa“ dumm und würdelos zu Ende.

Wer war hier Sieger, wer der Besiegte? 1918 glaubte man es zu wissen, und Frankreich wenigstens hält krampfhaft an seiner Auffassung fest, weil es den letzten Gedanken seines politischen Daseins als Großmacht, die Revanche, seelisch nicht preisgeben darf. Aber England? Oder gar Rußland? Hat sich hier die Geschichte aus Kleists Novelle „Der Zweikampf“ in welthistorischem Ausmaße abgespielt? War „Europa“ der Besiegte? Oder die Mächte der Tradition? In Wirklichkeit ist eine neue Form der Welt entstanden als Voraussetzung künftiger Entscheidungen, die mit furchtbarer Wucht hereinbrechen werden. Rußland ist von Asien seelisch zurückerobert worden, und vom englischen Empire ist es fraglich, ob sein Schwerpunkt noch in Europa liegt. Der Rest „Europas“ befindet sich zwischen Asien und Amerika – zwischen Rußland und Japan im Osten und Nordamerika und den englischen Dominions im Westen und besteht heute im Grunde nur noch aus Deutschland, das seinen alten Rang als Grenzmacht gegen „Asien“ wieder einnimmt, aus Italien, das eine Macht ist, solange Mussolini lebt, und vielleicht im Mittelmeer die größere Basis einer wirklichen Weltmacht gewinnen wird, und Frankreich, das sich noch einmal als Herrn von Europa betrachtet und zu dessen politischen Einrichtungen der Genfer Völkerbund und die Gruppe der Südoststaaten gehören. Aber alles das sind vielleicht oder wahrscheinlich flüchtige Erscheinungen. Die Verwandlung der politischen Formen der Welt schreitet rasch vorwärts, und niemand kann ahnen, wie in einigen Jahrzehnten die Landkarte Asiens, Afrikas und selbst Amerikas aussehen wird.

5

Was Metternich unter dem Chaos verstand, das er durch seine entsagungsvolle, unschöpferische, nur auf die Erhaltung des Bestehenden gerichtete Tätigkeit solange als möglich von Europa fernhalten wollte, war aber weniger der Verfall dieses Staatensystems mit seinem Gleichgewicht der Mächte als der daneben hergehende Verfall der Staatshoheit selbst in den einzelnen Ländern, die uns seitdem selbst als Begriff so gut wie verloren gegangen ist. Was wir heute als „Ordnung" anerkennen und in „liberalen" Verfassungen festlegen, ist nichts als eine zur Gewohnheit gewordene Anarchie. Wir nennen das Demokratie, Parlamentarismus, Selbstregierung des Volkes, aber es ist tatsächlich das bloße Nichtvorhandensein einer ihrer Verantwortung bewußten Autorität, einer Regierung und damit eines wirklichen Staates.

Menschliche Geschichte im Zeitalter der hohen Kulturen ist die Geschichte politischer Mächte. Die Form dieser Geschichte ist der Krieg. Auch der Friede gehört dazu. Er ist die Fortsetzung des Krieges mit andern Mitteln: der Versuch des Besiegten, die Folgen des Krieges in der Form von Verträgen abzuschütteln, der Versuch des Siegers, sie festzuhalten. Ein Staat ist das „In Form sein" einer durch ihn gebildeten und dargestellten völkischen Einheit für wirkliche und mögliche Kriege. Ist diese Form sehr stark, so besitzt sie als solche schon den Wert eines siegreichen Krieges, der ohne Waffen, nur durch das Gewicht der verfügungsbereiten Macht gewonnen wird. Ist sie schwach, so kommt sie einer beständigen Niederlage in den Beziehungen zu anderen Mächten gleich. Staaten sind rein politische Einheiten, Einheiten der nach außen wirkenden Macht. Sie sind nicht an Einheiten der Rasse, Sprache oder Religion gebunden, sondern sie stehen darüber. Wenn sie sich mit solchen Einheiten decken oder kreuzen, so wird ihre Kraft infolge des inneren Widerspruches in der Regel geringer, nie größer. Die innere Politik ist nur dazu da, um die Kraft und Einheit der äußeren zu sichern. Wo sie andere, eigene Ziele verfolgt, beginnt der Verfall, das Außer-Form-Geraten des Staates.

Zum „In Form sein" einer Macht als Staat unter Staaten gehört aber vor allem die Stärke und Einheit der Führung, des Regierens, der Autorität, ohne welche der Staat tatsächlich nicht vorhanden ist. Staat und Regierung sind dieselbe Form, als Dasein oder als Tätigkeit gedacht. Die Mächte des 18. Jahrhunderts waren in Form, die durch die dynastische, höfische, gesellschaftliche Tradition streng bestimmt und in weitem Maße mit ihr identisch war. Das Zeremoniell, der Takt der guten Gesellschaft, die vornehmen Manieren des Handelns und Verhandelns sind nur ein sichtbarer Ausdruck davon. Auch England war"in Form": die Insellage ersetzte wesentliche Züge des Staates, und im regierenden Parlament war eine durchaus aristokratische, sehr wirksame Form, die Geschäfte zu behandeln, durch alten Brauch festgelegt. Frankreich geriet in eine Revolution, nicht weil"das Volk" sich gegen den Absolutismus auflehnte, der hier gar nicht mehr vorhanden war, nicht wegen des Elends und der Verschuldung des Landes, die anderswo viel größer waren, sondern weil die Autorität in Auflösung begriffen war. Alle Revolutionen gehen vom Verfall der Staatshoheit aus. Ein Aufstand der Gasse kann diese Wirkung gar nicht haben. Er folgt nur daraus. Eine moderne Republik ist nichts als die Ruine einer Monarchie, die sich selbst aufgegeben hat.

Mit dem 19. Jahrhundert gehen die Mächte aus der Form des dynastischen Staates in die des Nationalstaates über. Aber was heißt das? Nationen, das heißt Kulturvölker, gab es natürlich längst. Im großen und ganzen deckten sie sich auch mit den Machtgebieten der großen Dynastien. Diese Nationen waren Ideen, in dem Sinne wie Goethe von der Idee seines Daseins spricht: die innere Form eines bedeutenden Lebens, die unbewußt und unvermerkt sich in jeder Tat, in jedem Wort verwirklicht. „*La nation* " im Sinne von 1789 war aber ein rationalistisches und romantisches Ideal, ein Wunschbild von ausdrücklich politischer, um nicht zu sagen sozialer Tendenz. Das kann in dieser flachen Zeit niemand mehr unterscheiden. Ein Ideal ist ein Ergebnis des Nachdenkens, ein Begriff oder Satz, der formuliert sein muß, um das Ideal zu"haben". Infolgedessen wird es nach kurzer Zeit zum Schlagwort, das man gebraucht, ohne sich noch etwas dabei zu denken. Ideen dagegen sind wortlos. Sie kommen ihren Trägern selten oder gar nicht zum Bewußtsein und sind auch von anderen kaum in Worte zu fassen. Sie müssen im Bilde des Geschehens gefühlt, in ihren Verwirklichungen beschrieben werden. Definieren lassen sie sich nicht. Mit Wünschen oder Zwecken haben sie nichts zu tun. Sie sind der dunkle Drang, der in einem Leben Gestalt gewinnt und über das einzelne Leben hinaus schicksalhaft in eine Richtung strebt: die Idee des Römertums, die Idee der Kreuzzüge, die faustische Idee des Strebens ins Unendliche.

Die wirklichen Nationen sind Ideen, auch heute noch. Was aber der Nationalismus seit 1789 meint, wird schon dadurch gekennzeichnet, daß er die Muttersprache mit der Schriftsprache der großen Städte verwechselt, in der jeder lesen und schreiben lernt, mit der Sprache also der Zeitungen und Flugblätter, durch die jeder über das"Recht" der Nation und ihre notwendige Befreiung von irgend etwas aufgeklärt wird. Wirkliche Nationen sind, wie jeder lebendige Körper, von reicher innerer Gliederung; sie sind durch ihr bloßes Dasein schon eine Art von Ordnung. Der politische Rationalismus versteht aber unter"Nation" die Freiheit von, den Kampf gegen jede Ordnung. Nation ist ihm gleich Masse, formlos und ohne Aufbau, herrenlos und ziellos. Das nennt er Souveränität des Volkes. Er vergißt, was bezeichnend ist, das gewachsene Denken und Fühlen des Bauerntums, er verachtet Sitte und Brauch des echten Volkslebens, zu denen auch, und zwar ganz besonders, die Ehrfurcht vor der Autorität gehört. Er kennt keine Ehrfurcht. Er kennt nur Prinzipien, die aus Theorien stammen. Vor allem das plebejische der Gleichheit, das heißt den Ersatz der verhaßten Qualität durch die Quantität, der beneideten Begabung durch die Zahl. Der moderne Nationalismus ersetzt das Volk durch die Masse. Er ist revolutionär und städtisch durch und durch.

Am verhängnisvollsten ist das Ideal der Regierung des Volkes "durch sich selbst". Aber ein Volk kann sich nicht selbst regieren, so wenig eine Armee sich selber führen kann. Es muß regiert werden und es will das auch, solange es gesunde Instinkte besitzt. Aber es ist etwas ganz anderes gemeint: der Begriff der Volksvertretung spielt in jeder solchen Bewegung sofort die erste Rolle. Da kommen die Leute, die sich selbst zu „Vertretern" des Volkes ernennen und als solche empfehlen. Sie wollen gar nicht „dem Volke dienen"; sich des Volkes bedienen wollen sie, zu eigenen, mehr oder weniger schmutzigen Zwecken, unter denen die Befriedigung der Eitelkeit der harmloseste ist. Sie bekämpfen die Mächte der Tradition, um sich an ihre Stelle zu setzen. Sie bekämpfen die Staatsordnung, weil sie ihre Art von Tätigkeit hindert. Sie bekämpfen jede Art von Autorität, weil sie niemandem verantwortlich sein wollen und selbst jeder Verantwortung aus dem Wege gehen. Keine Verfassung enthält eine Instanz, vor welcher die Parteien sich zu rechtfertigen hätten. Sie bekämpfen vor allem die langsam herangewachsene und gereifte Kulturform des Staates, weil sie sie nicht in sich haben wie die gute Gesellschaft, die *society* des 18. Jahrhunderts, und sie deshalb als Zwang empfinden, was sie für Kulturmenschen nicht ist. So entsteht die „Demokratie" des Jahrhunderts, keine Form, sondern die Formlosigkeit in jedem Sinne als Prinzip, der Parlamentarismus als verfassungsmäßige Anarchie, die Republik als Verneinung jeder Art von Autorität.

So gerieten die europäischen Staaten außer Form, je „fortschrittlicher" sie regiert wurden. Das war das Chaos, das Metternich bewog, die Demokratie ohne Unterschied der Richtung zu bekämpfen – die romantische der Befreiungskriege wie die rationalistische der Bastillestürmer, die sich dann 1848 vereinigten – und allen Reformen gegenüber gleich konservativ zu sein. In allen Ländern bildeten sich seitdem Parteien, das heißt neben einzelnen Idealisten Gruppen von Geschäftspolitikern zweifelhafter Herkunft und mehr als zweifelhafter Moral: Journalisten, Advokaten, Börsianer, Literaten, Parteifunktionäre. Sie regierten, indem sie ihre Interessen vertraten. Monarchen und Minister waren stets irgendwem verantwortlich gewesen, zum mindesten der öffentlichen Meinung. Nur diese Gruppen waren niemand Rechenschaft schuldig. Die Presse, entstanden als Organ der öffentlichen Meinung, diente längst dem, der sie bezahlte; die Wahlen, einst Ausdruck dieser Meinung, führten die Partei zum Siege, hinter der die stärksten Geldgeber standen. Wenn es trotzdem noch eine Art von staatlicher Ordnung, von gewissenhaftem Regieren, von Autorität gab, so waren es die Reste der Form des 18. Jahrhunderts, die sich in Gestalt der wenn auch noch so konstitutionellen Monarchie, des Offizierskorps, der diplomatischen Tradition, in England in den uralten Bräuchen des Parlaments, vor allem des Oberhauses, und seiner zwei Parteien erhalten hatten. Ihnen verdankt man alles, was an staatlichen Leistungen trotz der Parlamente zustande kam. Hätte Bismarck sich nicht auf seinen König stützen können, so wäre er sofort der Demokratie erlegen. Der politische Dilettantismus, dessen Tummelplatz die Parlamente waren, betrachtete diese Mächte der Tradition denn auch mit Mißtrauen und Haß. Er bekämpfte sie grundsätzlich und hemmungslos ohne Rücksicht auf die äußeren Folgen. So wird die Innenpolitik überall ein Gebiet, das weit über seine eigentliche Bedeutung hinaus die Tätigkeit aller erfahrenen Staatsmänner notgedrungen an sich zog, ihre Zeit und Kraft vergeudete, und über dem man den ursprünglichen Sinn der Staatsleitung, die Führung der Außenpolitik, vergaß und vergessen wollte. Das ist der anarchische Zwischenzustand, der heute als Demokratie bezeichnet wird und der von der Zerstörung der monarchischen Staatshoheit durch den politischen, plebejischen Rationalismus zum Cäsarismus der Zukunft hinüberführt, der heute mit diktatorischen Tendenzen sich leise zu melden beginnt und bestimmt ist, das Trümmerfeld geschichtlicher Tradition unumschränkt zu beherrschen.

6

Zu den ernsthaftesten Zeichen des Verfalls der Staatshoheit gehört die Tatsache, daß im Lauf des 19. Jahrhunderts der Eindruck herrschend geworden ist, die Wirtschaft sei wichtiger als die Politik. Unter den Leuten, die heute irgendwie den Entscheidungen nahe stehen, gibt es kaum einen, der das entschieden ablehnt. Man betrachtet die politische Macht nicht etwa nur als ein Element des öffentlichen Lebens, dessen erste, wenn nicht einzige Aufgabe es ist, der Wirtschaft zu dienen, sondern es wird erwartet, daß sie sich den Wünschen und Ansichten der Wirtschaft vollkommen füge, und zuletzt, daß sie von den Wirtschaftsführern kommandiert werde. Das ist denn auch in weitem Umfang geschehen, mit welchem Erfolg, lehrt die Geschichte dieser Zeit.

In Wirklichkeit lassen sich Politik und Wirtschaft im Leben der Völker nicht trennen. Sie sind, wie ich immer wiederholen muß, zwei Seiten desselben Lebens, aber sie verhalten sich wie die Führung eines Schiffes und die Bestimmung seiner Fracht. An Bord ist der Kapitän die erste Person, nicht der Kaufherr, dem die Ladung gehört. Wenn heute der Eindruck vorherrscht, daß die Wirtschaftsführung das mächtigere Element ist, so liegt das daran, daß die politische Führung der parteimäßigen Anarchie verfallen ist und die Bezeichnung einer wirklichen Führung kaum noch verdient, und daß deshalb die wirtschaftliche höher zu ragen scheint. Aber wenn nach einem Erdbeben ein Haus zwischen Trümmern stehen geblieben ist, so ist es deshalb nicht das wichtigste gewesen. In der Geschichte, solange sie „in Form" verläuft und nicht tumultuarisch und revolutionär, ist der Wirtschaftsführer niemals Herr der Entscheidungen gewesen. Er fügte sich den politischen Erwägungen ein, er diente ihnen mit den Mitteln, die er in Händen hatte. Ohne eine starke Politik hat es niemals und nirgends eine gesunde Wirtschaft gegeben, obwohl die materialistische Theorie das Gegenteil lehrt. Adam Smith, ihr Begründer, hatte das wirtschaftliche Leben als das eigentliche menschliche Leben behandelt, das Geldmachen als den Sinn der Geschichte, und er pflegte die Staatsmänner als schädliche Tiere zu bezeichnen. Aber gerade in England waren es nicht Kaufleute und Fabrikbesitzer, sondern echte Politiker wie die beiden Pitt, die durch eine großartige Außenpolitik, oft unter leidenschaftlichstem Widerspruch der kurzsichtigen Wirtschaftsleute, die englische Wirtschaft zur ersten der Welt gemacht haben. Reine Staatsmänner waren es, welche den Kampf gegen Napoleon bis an die Grenzen des finanziellen Zusammenbruchs führten, weil sie weiter sahen als bis zur Bilanz des nächsten Jahres, wie es jetzt üblich ist. Aber heute besteht die Tatsache, daß infolge der Belanglosigkeit der leitenden Staatsmänner, die zum großen Teil selbst an Privatgeschäften interessiert sind, die Wirtschaft maßgebend in die Entscheidungen hineinredet, aber nun auch die Wirtschaft in ihrem vollen Umfang: nicht nur die Banken und Konzerne, mit oder ohne parteimäßige Verkleidung, sondern auch die Konzerne für Lohnsteigerung und Arbeitsverkürzung, die sich Arbeiterparteien nennen. Das letzte ist die notwendige Folge des ersten. Darin liegt die Tragik jeder Wirtschaft, die sich selbst politisch sichern will. Auch das begann 1789, mit den Girondisten, welche die Geschäfte des wohlhabenden Bürgertums zum Sinn des Vorhandenseins staatlicher Gewalten machen wollten, was nachher unter Louis Philippe, dem Bürgerkönig, weitgehend zur Tatsache wurde. Die berüchtigte Parole: „*Enrichissez-vous*" wird zur politischen Moral. Sie wurde zu gut verstanden und befolgt, nämlich nicht nur von Handel und Gewerbe und von den Politikern selbst, sondern auch von der Klasse der Lohnarbeiter, welche nun – 1848 – die Vorteile des Verfalls der Staatshoheit auch für sich ausnützte. Damit gewinnt die schleichende Revolution des ganzen Jahrhunderts, die man Demokratie nennt und die in Revolten der Masse durch Wahlzettel oder Barrikaden, der „Volksvertreter" durch parlamentarische Ministerstürze und Budgetverweigerungen dem Staat gegenüber in periodische Erscheinung tritt, eine wirtschaftliche Tendenz. Auch in England, wo die Freihandelslehre des Manchestertums von den Trade Unions auch auf den Handel mit der Ware „Arbeit" angewendet wurde, was Marx und Engels dann im Kommunistischen Manifest theoretisch ausgestaltet haben. Damit vollendet sich die Absetzung der Politik durch die Wirtschaft, des Staates durch das Kontor, des Diplomaten durch den Gewerkschaftsführer: hier und nicht in den Folgen des Weltkrieges liegen die Keime für die Wirtschaftskatastrophe der Gegenwart. Sie ist in ihrer ganzen Schwere nichts als eine Folge des Verfalls der staatlichen Macht.

Die geschichtliche Erfahrung hätte das Jahrhundert warnen sollen. Niemals haben wirtschaftliche Unternehmungen ohne Deckung durch eine machtpolitisch denkende Staatsleitung ihr Ziel wirklich erreicht. Es ist falsch, wenn man die Raubfahrten der Wikinger, mit denen die Seeherrschaft der abendländischen Völkerwelt beginnt, so beurteilt. Ihr Ziel war selbstverständlich das Beutemachen – ob an Land und Leuten oder an Schätzen, das ist die zweite Frage. Aber das Schiff war ein Staat für sich, und der Plan der Fahrt, der Oberbefehl, die Taktik waren echte Politik. Wo aus dem Schiff eine Flotte wurde, kam es sofort zu Staatsgründungen, und zwar mit sehr ausgesprochenen

Hoheitsregierungen wie in der Normandie, in England und Sizilien. Die deutsche Hansa wäre eine wirtschaftliche Großmacht geblieben, wenn Deutschland selbst es politisch geworden wäre. Seit dem Ende dieses mächtigen Städtebundes, den politisch zu sichern niemand als Aufgabe eines deutschen Staates empfand, schied Deutschland aus den großen weltwirtschaftlichen Kombinationen des Abendlandes aus. Es wuchs erst im 19. Jahrhundert wieder in sie hinein, nicht durch private Bestrebungen, sondern einzig und allein durch die politische Schöpfung Bismarcks, welche die Voraussetzung für den imperialistischen Aufstieg der deutschen Wirtschaft gewesen ist.

Der maritime Imperialismus, der Ausdruck für das faustische Streben ins Unendliche, begann große Formen anzunehmen, als mit der Eroberung Konstantinopels durch die Türken 1453 die Wirtschaftswege nach Asien politisch gesperrt wurden. Das ist der tiefere Anlaß für die Entdeckung des Seewegs nach Ostindien durch die Portugiesen und die Entdeckung Amerikas durch die Spanier, hinter denen Großmächte der Zeit standen. Die treibenden Motive im einzelnen waren Ehrgeiz, Abenteurerlust, Freude an Kampf und Gefahr, Hunger nach Gold und nicht etwa „gute Geschäfte“. Die entdeckten Länder sollten erobert und beherrscht werden; sie sollten die Macht der Habsburger in den europäischen Kombinationen stärken. Das Reich, in dem die Sonne nicht unterging, war ein politisches Gebilde, das Ergebnis einer überlegenen Staatsleitung und erst insofern ein Feld für wirtschaftliche Erfolge. Es wurde nicht anders, als England den Vorrang gewann, nicht durch seine wirtschaftliche Stärke, die zunächst gar nicht vorhanden war, sondern durch das kluge Regiment des Adels, seien es nun Tories oder Whigs. Durch Schlachten ist England reich geworden, nicht durch Buchführung und Spekulation. Deshalb ist das englische Volk, so „liberal“ es dachte und redete, doch in der Praxis das konservativste von Europa gewesen: konservativ im Sinne der Erhaltung aller Machtformen der Vergangenheit bis auf die geringsten zeremoniellen Einzelheiten, mochte man auch darüber lächeln, sie zuweilen verachten; solange keine stärkere neue Form zu sehen war, behielt man die alten alle: die beiden Parteien, die Art, wie die Regierung in ihren Entscheidungen sich vom Parlament unabhängig erhielt, Oberhaus und Königtum als retardierende Momente in kritischen Lagen. Dieser Instinkt hat England immer wieder gerettet, und wenn er heute erlischt, so bedeutet das nicht nur den Verlust der politischen, sondern auch den der wirtschaftlichen Weltstellung. Mirabeau, Talleyrand, Metternich, Wellington verstanden nichts von der Wirtschaft. Das war sicherlich ein

Einwand. Aber es wäre schlimmer gewesen, wenn an ihrer Stelle ein wirtschaftlicher Fachmann versucht hätte, Politik zu machen. Erst als der Imperialismus in die Hände wirtschaftlicher, materialistischer Geschäftemacher gerät, als er aufhört, machtpolitisch zu sein, sinkt er von den Interessen der wirtschaftlichen Führerschicht sehr schnell in den Bereich des Klassenkampfes der ausführenden Arbeit herab, und so zersetzen sich die großen Nationalwirtschaften und ziehen die Großmächte mit sich in den Abgrund.

7

Der folgenreichste Ausdruck der „nationalen" Revolution seit 1789 sind die stehenden Heere des 19. Jahrhunderts gewesen. Die Berufsheere der dynastischen Staaten wurden durch Massenheere auf Grund der allgemeinen Wehrpflicht ersetzt. Es war im tiefsten Grunde ein Jakobinerideal: die *levée en masse* von 1792 entsprach der Nation als Masse, die an Stelle der alten, gewachsenen, ständisch gegliederten Nation in vollkommener Gleichheit organisiert werden sollte. Daß dann in den Sturmangriffen dieser uniformierten Massen etwas ganz anderes zum Vorschein kam, eine prachtvolle, barbarische, gänzlich untheoretische Freude an Gefahr, Herrschaft und Sieg, der Rest von gesunder Rasse, das was noch von nordischem Heldentum in diesen Völkern lebte, war eine Erfahrung, welche die Schwärmer für „Menschenrechte" sehr bald machten. Das Blut war wieder einmal stärker als der Geist. Die theoretische Begeisterung für das Ideal des „Volkes in Waffen" hatte ein ganz anderes, bewußteres, rationalistischeres Ziel gehabt als die Entfesselung dieser elementaren Triebe, auch in Deutschland in und vor allem nach den Befreiungskriegen, wo sie zu den Revolutionen von 1830 und 1848 hinüberleitete. Diese Heere, „in denen es keinen Unterschied von hoch und niedrig, reich und arm gab", sollten ein Abbild der künftigen Nation sein, in welcher alle Unterschiede des Ranges, Besitzes und der Begabung irgendwie aufgehoben waren. Das war der stille Gedanke vieler Freiwilligen von 1813, aber ebenso des literarischen Jungen Deutschland (Heine, Herwegh, Freiligrath) und vieler Männer der Paulskirche (wie Uhland). Das Prinzip der anorganischen Gleichheit war ihnen das Entscheidende. Die Leute vom Schlage der Jahn und Arndt ahnten nicht, daß es die Gleichheit war, die zum ersten Mal bei den Septembermorden von 1792 den Ruf *Vive la nation* ertönen ließ.

Man vergaß eine grundlegende Tatsache: In der Romantik der Volkslieder war nur vom Heldentum der gemeinen Soldaten die Rede, aber der innere Wert dieser im Kriegsberuf zunächst dilettantischen Heere, ihr Geist, ihre Zucht, ihre Durchbildung hingen von Eigenschaften des Offizierskorps ab, und dessen „In Form sein“ beruhte ganz auf den Traditionen des 18. Jahrhunderts. Sittlich taugt auch bei den Jakobinern eine Truppe soviel wie der Offizier, der sie durch sein Vorbild erzogen hat. Napoleon bekannte auf St. Helena, daß er nicht besiegt worden wäre, wenn er zu dem prachtvollen Soldatenmaterial seiner Heere ein Offizierskorps wie das österreichische gehabt hätte, in dem die ritterlichen Überlieferungen von Treue, Ehre und schweigender selbstloser Disziplin noch lebendig waren. Wankt diese Führerschaft in ihrer Gesinnung und Haltung oder gibt sie sich selbst auf wie 1918, so ist aus einem tapferen Regiment im Augenblick eine feige und hilflose Herde geworden.

Es wäre bei der raschen Zersetzung der Machtformen in Europa ein Wunder gewesen, wenn dieses Machtmittel ihr standgehalten hätte. Und trotzdem war es so. Die großen Heere sind das konservativste Element des 19. Jahrhunderts gewesen. Sie und nicht die schwachgewordene Monarchie, der Adel oder gar die Kirche hielten die Form der staatlichen Autorität aufrecht und lebensfähig gegen die anarchischen Tendenzen des Liberalismus. „Was aus dem Schutte sich herausbilden wird, dies kann heute niemand wissen. Ein Element der Kraft hat sich nicht allein in Österreich, sondern im gesamten so hart bedrängten Europa erhoben, dieses Element heißt: die stehenden Heere. Leider ist dieses Element nur ein erhaltendes und kein schaffendes, und auf das Schaffen kommt es eben an“, schrieb Metternich 1849. Und zwar beruhte das ausschließlich auf den strengen Anschauungen des Offizierskorps, zu welchen die Mannschaft herangebildet worden war. Wo es 1848 und später zu örtlichen Meutereien und Aufständen kam, lag die Schuld an der sittlichen Minderwertigkeit der Offiziere. Politisierende Generale, die aus ihrem militärischen Rang die Befähigung und das Recht zu staatsmännischen Urteilen ableiteten und danach zu handeln versuchten, hat es immer gegeben, in Spanien und Frankreich wie in Preußen und Österreich, aber das Offizierkorps als Ganzes verbot sich überall eine eigene politische Meinung. Nur die Heere, nicht die Kronen hielten 1830, 1848, 1870 stand.

Sie haben seit 1870 auch den Krieg verhindert, weil niemand mehr diese ungeheure Macht in Bewegung zu setzen wagte aus Furcht vor der unberechenbaren Wirkung, und damit haben sie den anomalen Friedenszustand von 1870 bis 1914 heraufgeführt, der es uns heute fast unmöglich macht, die Lage der Dinge richtig zu beurteilen. An die Stelle unmittelbarer Kriege trat nun der mittelbare in Gestalt einer ständigen Erhöhung der Kriegsbereitschaft, des Tempos der Rüstungen und technischen Erfindungen, ein Krieg, in dem es ebenfalls Siege, Niederlagen und kurzlebende Friedensschlüsse gab. Diese Art von verschleierter Kriegführung setzt aber einen nationalen Reichtum voraus, wie ihn nur die Länder mit großer Industrie entwickelt haben – er bestand zum großen Teil aus dieser Industrie selbst, sofern sie ein Kapital darstellte –, und diese hatte zur Voraussetzung das Vorhandensein von Kohle, auf deren Vorkommen die Industrien aufgebaut wurden. Zum Kriegführen gehört Geld, zur Vorbereitung des Krieges gehört noch mehr. So wurde die industrielle Großwirtschaft selbst zur Waffe; je leistungsfähiger sie war, desto entschiedener sicherte sie von vornherein den Erfolg. Jeder Hochofen, jede Maschinenfabrik verstärkte die Kriegsbereitschaft. Die Aussicht auf erfolgreiche Operationen wurde mehr und mehr abhängig von der Möglichkeit unumschränkten Materialverbrauchs, vor allem an Munition. Man wurde sich dieser Tatsache nur sehr langsam bewußt. Bismarck legte bei den Friedensverhandlungen von 1871 noch allein Wert auf strategische Punkte wie Metz und Belfort und gar keinen auf das lothringische Erzrevier. Als man dann aber das ganze Verhältnis zwischen Wirtschaft und Krieg, zwischen Kohle und Kanonen erkannt hatte, wie es nun bestand, kehrte es sich um: Die starke Wirtschaft war die entscheidende Voraussetzung der Kriegführung geworden; sie forderte dafür die erste Beachtung, und nun begannen in steigendem Maße die Kanonen der Kohle zu dienen. Der Verfall des Staatsgedankens infolge des um sich greifenden Parlamentarismus trat hinzu. Die Wirtschaft – vom Trust bis zur Gewerkschaft – begann mitzuregieren und durch ihr Nein und Ja die Ziele und Methoden der Außenpolitik mitzubestimmen. Die Kolonial- und Überseepolitik wird zum Kampf um Absatzgebiete und Rohstoffquellen der Industrie, darunter in steigendem Maße um die Ölvorkommen. Denn das Erdöl begann die Kohle zu bekämpfen, zu verdrängen. Ohne die Ölmotoren wären Automobile, Flugzeuge und Unterseeboote unmöglich gewesen.

In derselben Richtung verwandelte sich die Bereitschaft für den Seekrieg. Noch zu Beginn des amerikanischen Bürgerkrieges waren armierte Handelsschiffe den gleichzeitigen Kriegsschiffen nahezu ebenbürtig. Drei Jahre später waren Panzerschiffe der seebeherrschende Typ. Aus diesen Schlachtschiffen wurden in rasendem Tempo der Konstruktion immer größerer und stärkerer Typen, von denen jeder nach ein paar Jahren veraltet war, die schwimmenden Festungen der Jahrhundertwende, ungeheure Maschinen, die infolge ihres Kohlebedarfs von

Stützpunkten an der Küste immer abhängiger wurden. Der alte Wettkampf um den Vorrang von Meer oder Land begann sich in bestimmtem Sinne wieder dem Lande zuzuneigen: Wer die Flottenstützpunkte mit ihren Docks und Materialreserven hatte, beherrschte das Meer, ohne Rücksicht auf die Stärke der Flotte. Das Rule Britannia beruhte zuletzt auf dem Reichtum Englands an Kolonien, die um der Schiffe willen da waren, nicht umgekehrt. Das war nunmehr die Bedeutung von Gibraltar, Malta, Aden, Singapore, den Bermudas und zahlreichen ähnlichen strategischen Stützpunkten. Man verlor den Sinn des Krieges, die Entscheidungsschlacht zur See, aus den Augen. Man suchte die feindliche Flotte wirkungslos zu machen, indem man sie von den Küsten ausschloß. Es hat zur See nie etwas gegeben, das den Operationsplänen der Generalstäbe entsprach, und es ist nie eine Entscheidung mit diesen Schlachtschiffgeschwadern wirklich durchgekämpft worden. Der theoretische Streit über den Wert der Dreadnoughts nach dem Russisch-Japanischen Kriege beruhte gerade darauf, daß Japan den Typ gebaut, aber nicht erprobt hatte. Auch im Weltkrieg lagen die Schlachtschiffe still in den Häfen. Sie hätten gar nicht zu existieren brauchen. Auch die Schlacht am Skagerrak war nur ein Überfall, das Angebot einer Schlacht, der sich die englische Flotte so gut wie möglich entzog. Fast alle großen Schiffe, die in den letzten fünfzig Jahren als veraltet außer Dienst gestellt worden sind, haben nie einen Schuß auf einen ebenbürtigen Gegner abgegeben. Und heute macht die Entwicklung der Luftwaffe es fraglich, ob die Zeit der Panzerschiffe nicht überhaupt zu Ende ist. Vielleicht bleibt nur der Kaperkrieg übrig.

Im Verlauf des Weltkrieges tritt auf dem festen Lande eine vollkommene Wandlung ein. Die nationalen Massenheere, bis an die äußerste Grenze ihrer Möglichkeiten entwickelt, eine Waffe, die im Gegensatz zur Schlachtflotte wirklich „erschöpft" wurde, endeten im Schützengraben, in dem die Belagerung Deutschlands mit Stürmen und Ausfällen bis zur Kapitulation durchgeführt wurde. Die Quantität siegte über die Qualität, die Mechanik über das Leben. Die große Zahl machte der Geschwindigkeit derjenigen Art ein Ende, die Napoleon in die Taktik eingeführt hatte, am deutlichsten im Feldzug von 1805, der in ein paar Wochen über Ulm nach Austerlitz führte, und die von den Amerikanern 1861-65 durch die Verwendung der Eisenbahnen noch weiter gesteigert wurde. Ohne die Bahnen, welche Deutschland die Verschiebung ganzer Heere zwischen Ost und West möglich machten, wäre auch dieser Krieg seiner Form und Dauer nach unmöglich gewesen.

Es gibt in der Weltgeschichte zwei ganz große Umwälzungen in der Kriegführung durch plötzliche Steigerung der Beweglichkeit. Die eine fand in den ersten Jahrhunderten seit 1000 v. Chr. statt, als irgendwo in den weiten Ebenen zwischen Donau und Amur das Reitpferd aufkam. Die berittenen Heere waren dem Fußvolk weit überlegen. Sie konnten auftauchen und verschwinden, ohne daß ein Angriff auf sie und eine Verfolgung möglich waren. Vergebens stellten die Völker vom Atlantischen bis zum Stillen Ozean neben ihrem Fußvolk eine Reiterei auf: sie war durch jenes an der freien Bewegung verhindert. Und ebenso vergebens wird das römische wie das chinesische Imperium mit Wall und Graben umgeben, von denen die Chinesische Mauer heute noch halb Asien durchquert und der Römische Limes in der syrisch-arabischen Wüste eben jetzt wieder aufgefunden worden ist. Es war nicht möglich, hinter diesen Wällen die Sammlung der Heere so schnell durchzuführen, wie es die überraschenden Angriffe forderten: den Parthern, Hunnen, Skythen, Mongolen, Türken sind die chinesische, indische, römische, arabische und abendländische Welt mit ihrer seßhaften Bauernbevölkerung immer wieder in ratlosem Entsetzen erlegen. Es scheint, daß Bauerntum und Reiterleben sich seelisch nicht vertragen. Noch die Scharen Dschingiskhans verdanken ihre Siege der überlegenen Geschwindigkeit.

Die zweite Wandlung erleben wir heute selbst: den Ersatz des Pferdes durch die „Pferdekraft" der faustischen Technik. Bis in den ersten Weltkrieg hinein waren gerade die alten berühmten Kavallerieregimenter Westeuropas von ritterlichem Stolz, Abenteuerlust und Heldentum umwittert, mehr als jede andere Waffe. Sie waren Jahrhunderte hindurch die eigentlichen Wikinger des Landes. Sie stellten mehr und mehr den echten innerlichen Soldatenberuf, das Soldatenleben dar, weit mehr als die Infanterie der allgemeinen Wehrpflicht. In Zukunft wird das anders sein. Die Flugzeuge und Tankgeschwader lösen sie ab. Die Beweglichkeit wird damit über die Grenzen organischer Möglichkeiten hinaus zu den anorganischen der Maschine gesteigert, aber sozusagen der individuellen Maschine, die im Gegensatz zum unpersönlichen Trommelfeuer der Schützengräben dem persönlichen Heldentum wieder große Aufgaben stellt.

Aber viel tiefer als diese Entscheidung zwischen Masse und Beweglichkeit greift eine andere Tatsache in das Schicksal der stehenden Heere ein, und sie wird dem Grundsatz der allgemeinen nationalen Wehrpflicht des vorigen Jahrhunderts notwendig ein Ende bereiten. Der Verfall der Autorität, der Ersatz des Staates durch die Partei, die fortschreitende Anarchie also hatte bis 1914 vor dem Heere haltgemacht. Solange ein bleibendes Offizierskorps eine rasch wechselnde Mannschaft erzog, blieben die ethischen Werte der Waffenehre, Treue und des schweigenden Gehorsams, der Geist Friedrichs des Großen, Napoleons, Wellingtons, also des 18. Jahrhunderts, der ritterlichen Lebenshaltung gewahrt, ein großes Element der Stabilität. Erschüttert wurde es zuerst, als im Stellungskrieg rasch ausgebildete junge Offiziere älteren, jahrelang im Felde stehenden Mannschaften gegenüberstanden. Auch hier hatte der lange Friede von 1870 bis 1914 eine Entwicklung aufgehalten, die mit dem fortschreitenden Verfall des „In Form seins" der Nationen eintreten mußte. Die Mannschaft einschließlich der unteren Schichten des Offizierskorps, welche die Welt von unten sahen, weil sie Führer nicht aus innerem Beruf, sondern infolge vorübergehender Verwendung waren, bekamen eine eigene Meinung über politische Möglichkeiten, die, wie sich versteht, von außen, vom Feinde oder den radikalen Parteien des eigenen Landes durch Propaganda und Zersetzungszellen importiert wurde, einschließlich des Nachdenkens über die Durchsetzung dieser Meinung. Damit ist das Element der Anarchie in das Heer geraten, das sie bis dahin allein fernzuhalten wußte. Und das setzte sich nach dem Kriege überall in den Kasernen der stehenden Friedensheere fort. Dazu kommt, daß vierzig Jahre lang der einfache Mann aus dem Volke ebenso wie der Berufspolitiker und radikale Parteiführer die unbekannte Wirkung moderner Heere fürchtete und überschätzte, gegen fremde Heere wie gegen Aufstände, und den Widerstand gegen sie deshalb als praktische Möglichkeit kaum noch in Betracht zog. Die sozialdemokratischen Parteien hatten überall vor dem Kriege den Gedanken an eine Revolution längst aufgegeben und behielten nur die Phrase in ihren Programmen bei. Eine Kompanie genügte, um Tausende aufgeregter Zivilisten in Schach zu halten. Nun bewies aber der Krieg, wie gering die Wirkung selbst einer starken Truppe mit schwerer Artillerie gegenüber unseren steinernen Städten ist, wenn sie Haus für Haus verteidigt werden. Die reguläre Armee verlor den Nimbus der Unbesiegbarkeit in Revolutionen. Heute denkt jeder zwangsweise eingezogene Rekrut ganz anders darüber als vor dem Kriege. Und damit hat er das Bewußtsein verloren, bloßes Objekt der befehlshabenden Gewalt zu sein. Es ist mir sehr zweifelhaft, ob zum Beispiel in Frankreich eine allgemeine Mobilmachung gegen einen gefährlichen Feind überhaupt durchzuführen ist. Was soll geschehen, wenn sich die Massen der Gestellungspflicht entziehen? Und wie groß ist der Wert einer solchen Truppe, wenn man nicht weiß, wie weit in ihr die moralische Zersetzung fortgeschritten ist und auf welchen Bruchteil von Leuten man wirklich zählen darf? Das ist das Ende der allgemeinen Wehrpflicht, welche 1792 die nationale Begeisterung für den Krieg zum Ausgangspunkt hatte, und der Anfang freiwilliger Heere von Berufssoldaten, die sich um einen volkstümlichen Führer oder ein großes Ziel scharen. Das ist – in allen Kulturen; man denke an den Ersatz des ausgehobenen römischen Bauernheeres durch besoldete Berufsheere seit Marius und an die Folgen der Weg zum Cäsarismus und in der Tiefe der instinktive Aufstand des Blutes, der unverbrauchten Rasse, des primitiven Willens zur Macht gegen die materialistischen Mächte des Geldes und Geistes, der anarchistischen Theorien und der sie ausnützenden Spekulation, von der Demokratie bis zur Plutokratie.

Diese materialistischen und plebejischen Mächte haben seit dem Ende des 18. Jahrhunderts folgerichtig zu ganz anderen Kriegsmitteln gegriffen, die ihrem Denken und ihrer Erfahrung näher lagen. Neben den Heeren und Flotten, die in steigendem Maße für Zwecke angesetzt wurden, welche den Nationen selbst ganz fernlagen und lediglich den geschäftlichen Interessen einzelner Gruppen entsprachen – der Name Opiumkrieg illustriert das in drastischer Weise –, entwickelten sich Methoden der wirtschaftlichen Kriegführung, die oft genug „mitten im Frieden“ zu rein wirtschaftlichen Schlachten, Siegen und Friedensschlüssen führten. Sie wurden von dem echten Soldaten, Moltke etwa, verachtet und in ihrer Wirksamkeit sicherlich unterschätzt. Um so besser wußten die „modernen“ Staatsmänner sie zu schätzen, die ihrer Herkunft und Veranlagung nach zuerst wirtschaftlich und dann – vielleicht – politisch dachten. Die fortschreitende Auflösung der Staatshoheit durch den Parlamentarismus bot die Möglichkeit, die Organe der staatlichen Macht in dieser Richtung auszunützen. Vor allem geschah das in England, das in der Mitte des 19. Jahrhunderts durchaus eine „Nation von *shopkeepers* “ geworden war: die feindliche Macht sollte nicht militärisch unterworfen, sondern wirtschaftlich als Konkurrenz ruiniert, als Abnehmerin englischer Waren aber erhalten werden. Das war das Ziel des freihändlerischen „liberalen“ Imperialismus seit Robert Peel. Napoleon hatte die Kontinentalsperre als rein militärisches Mittel gedacht, weil ihm England gegenüber kein anderes zur Verfügung stand. Auf dem Kontinent schuf er nur neue Dynastien, während Pitt in der Ferne Handels- und Plantagenkolonien gründete. Der Krieg von 1914 aber wurde von England nicht Frankreichs oder gar Belgiens wegen, sondern „um des *weekend* willen“ geführt, um Deutschland als Wirtschaftskonkurrenz wenn möglich für immer auszuschalten. 1916 begann neben dem militärischen der planmäßige Wirtschaftskrieg, der fortgesetzt werden sollte, wenn der andere notwendig zum Ende kam. Die Kriegsziele wurden seitdem immer entschiedener in dieser

Richtung gesucht. Der Vertrag von Versailles sollte gar keinen Friedenszustand begründen, sondern die Machtverhältnisse derart regeln, daß das Ziel jederzeit mit neuen Forderungen und Maßnahmen gesichert werden konnte. Daher die Auslieferung der Kolonien, der Handelsflotte, die Beschlagnahme der Bankguthaben, Besitzungen, Patente in allen Ländern, die Abtrennung von Industriegebieten wie Oberschlesien und das Saarland, die Einführung der Republik, von der man mit Recht eine Untergrabung der Industrie durch die allmächtig gewordenen Gewerkschaften erwartete, und endlich die Reparationen, die wenigstens im Sinne Englands keine Kriegsentschädigung sein sollten, sondern eine dauernde Belastung der deutschen Wirtschaft bis zu deren Erliegen.

Aber damit begann, sehr gegen die Erwartung der Mächte, die den Vertrag diktiert hatten, ein neuer Wirtschaftskrieg, in dem wir uns heute befinden und der einen sehr erheblichen Teil der gegenwärtigen „Weltwirtschaftskrise" bildet. Die Machtverteilung der Welt war durch die Stärkung der Vereinigten Staaten und deren Hochfinanz und die neue Gestalt des russischen Reiches völlig verlagert, die Gegner und Methoden waren andere geworden. Der augenblickliche Krieg mit wirtschaftlichen Mitteln, den man in einer späteren Zeit vielleicht als den zweiten Weltkrieg bezeichnen wird, brachte ganz neue Formen der bolschewistischen Wirtschaftsoffensive in Gestalt des Fünfjahrsplanes, den Angriff des Dollars und Franken auf das Pfund, die von fremden Börsen aus geleiteten Inflationen als Zerstörung ganzer Nationalvermögen und die Autarkie der Nationalwirtschaften, die vielleicht bis zur Vernichtung des gegnerischen Exports, also der Wirtschaft und damit der Existenzbedingungen großer Völker durchgeführt werden wird, den Dawes- und Youngplan als Versuche von Finanzgruppen, ganze Staaten zur Zwangsarbeit für Banken herabzudrücken. Es handelt sich in der Tiefe darum, die Lebensfähigkeit der eigenen Nation durch Vernichtung derjenigen fremder zu retten. Es ist der Kampf auf dem Bootskiel. Und hier werden, wenn alle anderen Mittel erschöpft sind, doch wieder die ältesten und ursprünglichsten, die militärischen, in ihre Rechte treten: die stärker gerüstete Macht wird die schwächere zwingen, ihre Wirtschaftsdefensive aufzugeben, zu kapitulieren, zu verschwinden. Die Kanonen sind letzten Endes doch stärker als die Kohle. Es läßt sich nicht absehen, wie dieser Wirtschaftskrieg ausgehen wird, aber sicher ist, daß er zuletzt den Staat als Autorität, gestützt auf freiwillige und deshalb zuverlässige, gut durchgebildete und sehr bewegliche Berufsheere, in seine geschichtlichen

Rechte wieder einsetzen und die Wirtschaft in die zweite Linie verweisen wird, wohin sie gehört.

8

In diesem Zeitalter des Übergangs, der Formlosigkeit „zwischen den Zeiten", das wahrscheinlich noch lange nicht auf der Höhe der Verwirrung und der flüchtigen Gestaltungen angelangt ist, zeichnen sich ganz leise neue Tendenzen ab, die darüber hinaus in die fernere Zukunft deuten. Die Mächte beginnen sich zu bilden, der Form und der Lage nach, welche bestimmt sind, den Endkampf um die Herrschaft auf diesem Planeten zu führen, von denen nur eine dem *Imperium mundi* den Namen geben kann und wird, wenn nicht ein ungeheures Schicksal es vernichtet, bevor es vollendet war. Nationen einer neuen Art sind im Begriff zu entstehen, nicht wie sie heute noch sind: Summen gleichgeordneter Individuen von gleicher Sprache, auch nicht wie sie vormals waren, als man in der Renaissance ein Gemälde, eine Schlacht, ein Gesicht, einen Gedanken, eine Art von sittlicher Haltung und Meinung mit Sicherheit dem Stil, der Seele nach als italienisch erkannte, obwohl es einen italienischen Staat gar nicht gab. Faustische Nationen vom Ende des 20. Jahrhunderts werden Wahlverwandtschaften von Menschen mit gleichem Lebensgefühl sein, mit gleichen Imperativen eines starken Willens, selbstverständlich mit der gleichen Sprache, ohne daß die Kenntnis dieser Sprache sie bezeichnet oder abgrenzt, Menschen von starker Rasse, nicht im Sinne heutigen Rasseglaubens, sondern in meinem Sinne, der die starken Instinkte meint, zu denen auch die Überlegenheit des Blickes für die Dinge der Wirklichkeit gehört, den man heute in den großen Städten und unter Bücherschreibern nicht vom „Geist" bloßer Intelligenzen zu unterscheiden weiß, Menschen, die sich zu Herren geboren und berufen fühlen. Was kommt auf die Zahl an? Sie hat nur das vorige Jahrhundert tyrannisiert, das vor Quantitäten auf den Knien lag. Ein Mann bedeutet viel gegenüber einer Masse von Sklavenseelen, von Pazifisten und Weltverbesserern, die Ruhe um jeden Preis ersehnen, selbst um den der „Freiheit". Es ist der Übergang vom *populus Romanus* der Zeit Hannibals zu den Repräsentanten des „Römertums" im 1. Jahrhundert, die wie Marius und Cicero zum Teil gar nicht „Römer" waren.

Es scheint, daß Westeuropa seine maßgebende Bedeutung verloren hat, aber von der Politik abgesehen scheint es nur so. Die Idee der faustischen Kultur ist hier erwachsen. Hier hat sie ihre Wurzeln und hier wird sie den letzten Sieg ihrer

Geschichte erfechten oder rasch dahinsterben. Die Entscheidungen, wo sie auch fallen mögen, geschehen um des Abendlandes willen, seiner Seele freilich, nicht seines Geldes oder Glückes wegen. Aber einstweilen ist die Macht in die Randgebiete verlegt, nach Asien und Amerika. Dort ist es die Macht über die größte Binnenlandmasse des Erdballs, hier – in den Vereinigten Staaten und den englischen Dominions – die über die beiden durch den Panamakanal verbundenen weltgeschichtlichen Ozeane. Indessen, von den Weltmächten dieser Tage steht keine so fest, daß man mit Sicherheit sagen kann, sie werde in hundert, in fünfzig Jahren noch eine Macht, ja überhaupt noch vorhanden sein.

Was ist heute eine Macht großen Stils? Ein staatliches oder staatähnliches Gebilde, mit einer Leitung, die weltpolitische Ziele hat und der Wahrscheinlichkeit nach auch die Kraft, sie durchzusetzen, gleichviel auf was für Mittel sie sich stützt: Heere, Flotten, politische Organisationen, Kredite, mächtige Bank- oder Industriegruppen von gleichem Interesse, endlich und vor allem eine starke strategische Position auf dem Erdball. Man kann sie alle durch die Namen von Millionenstädten bezeichnen, in denen die Macht und der Geist dieser Macht gesammelt sind. Ihnen gegenüber sind ganze Länder und Völker nichts als „Provinz".

Da ist vor allem „Moskau", geheimnisvoll und für abendländisches Denken und Fühlen völlig unberechenbar, der entscheidende Faktor für Europa seit 1812, als es staatlich noch zu diesem gehörte, seit 1917 für die ganze Welt. Der Sieg der Bolschewisten bedeutet geschichtlich etwas ganz anderes als sozialpolitisch oder wirtschaftstheoretisch. Asien erobert Rußland zurück, nachdem „Europa" es durch Peter den Großen annektiert hatte. Der Begriff Europa verschwindet damit wieder aus dem praktischen Denken der Politiker oder sollte es tun, wenn wir Politiker von Rang hätten. Dies „Asien" aber ist eine Idee, und zwar eine Idee, die Zukunft hat. Rasse, Sprache, Volkstum, Religion in den heutigen Formen sind daneben gleichgültig. Das alles kann und wird sich grundlegend umgestalten. Was heute da ist, ist lediglich die durch Worte nicht zu bestimmende, ihrer selbst unbewußte neue Art von Leben, mit dem eine große Landschaft schwanger ist und das sich auf dem Wege der Geburt befindet. Die Zukunft definieren, festlegen, in ein Programm bringen wollen heißt das Leben mit einer Phrase darüber verwechseln, wie es der herrschende Bolschewismus tut, der sich seiner westeuropäischen, rationalistischen und großstädtischen Herkunft nicht hinreichend bewußt ist.

Die Bevölkerung dieses gewaltigsten Binnenlandes der Erde ist von außen unangreifbar. Die Weite ist eine Macht, politisch und militärisch, die noch nie überwunden worden ist; das hat schon Napoleon erfahren. Was sollte es einem Feinde nützen, wenn er noch so große Gebiete besetzt? Um auch den Versuch dazu wirkungslos zu machen, haben die Bolschewisten den Schwerpunkt ihres Systems immer weiter nach Osten verlegt. Die machtpolitisch wichtigen Industriegebiete sind sämtlich östlich von Moskau, zum großen Teil östlich vom Ural bis zum Altai hin, und südlich bis zum Kaukasus aufgebaut worden. Das ganze Gebiet westlich Moskaus, Weißrußland, die Ukraine, einst von Riga bis Odessa das lebenswichtigste des Zarenreiches, bildet heute ein phantastisches Glacis gegen „Europa" und könnte preisgegeben werden, ohne daß das System zusammenbricht. Aber damit ist jeder Gedanke an eine Offensive von Westen her sinnlos geworden. Sie würde in einen leeren Raum stoßen.

Dies Bolschewistenregiment ist kein Staat in unserem Sinne, wie es das petrinische Rußland gewesen war. Es besteht wie Kiptschak, das Reich der „goldenen Horde" in der Mongolenzeit, aus einer herrschenden Horde – kommunistische Partei genannt – mit Häuptlingen und einem allmächtigen Khan und einer etwa hundertmal so zahlreichen unterworfenen, wehrlosen Masse. Von echtem Marxismus ist da sehr wenig, außer in Namen und Programmen. In Wirklichkeit besteht ein tatarischer Absolutismus, der die Welt aufwiegelt und ausbeutet, ohne auf Grenzen zu achten, es seien denn die der Vorsicht, verschmitzt, grausam, mit dem Mord als alltäglichem Mittel der Verwaltung, jeden Augenblick vor der Möglichkeit, einen Dschingiskhan auftreten zu sehen, der Asien und Europa aufrollt.

Der echte Russe ist in seinem Lebensgefühl Nomade geblieben, ganz wie der Nordchinese, der Mandschu und Turkmene. Heimat ist ihm nicht das Dorf, sondern die endlose Ebene, das Mütterchen Rußland. Die Seele dieser unendlichen Landschaft treibt ihn zum Wandern ohne Ziel. Der „Wille" fehlt. Das germanische Lebensgefühl hat ein Ziel, das erobert werden muß, ein fernes Land, ein Problem, einen Gott, eine Macht, Ruhm oder Reichtum. Hier wandern Bauernfamilien, Handwerker und Arbeiter von einer Gegend in die andere, von Fabrik zu Fabrik, ohne Not, nur dem inneren Drange folgend. Keine Gewaltmaßnahme der Sowjets hat das hindern können, obwohl es das Entstehen eines Stammes gelernter und mit dem Werk verbundener Arbeitskräfte unmöglich macht. Schon daran scheitert der Versuch, eine Wirtschaft westeuropäischer Art ohne fremde Mitarbeit zu schaffen und zu erhalten.

Aber ist das kommunistische Programm überhaupt noch ernst gemeint, als Ideal nämlich, dem Millionen von Menschen geopfert worden sind und um dessen willen Millionen hungern und im Elend leben? Oder ist es nur ein äußerst wirksames Kampfmittel der Verteidigung gegen die unterworfene Masse, vor allem die Bauern, und des Angriffs gegen die verhaßte, nichtrussische Welt, die zersetzt werden soll, bevor man sie niederwirft? Sicher ist, daß sich tatsächlich nicht viel ändern würde, wenn man eines Tages aus Gründen der machtpolitischen Zweckmäßigkeit das kommunistische Prinzip fallen ließe. Die Namen würden anders werden; die Verwaltungszweige der Wirtschaftsorganisationen würden Konzerne heißen, die Kommissionen Aufsichtsräte, die Kommunisten selbst Aktienbesitzer. Im übrigen ist die westlich-kapitalistische Form längst vorhanden.

Aber diese Macht kann keinen Auslandskrieg führen, weder im Osten noch im Westen, außer durch Propaganda. Dazu ist das System mit seinen westeuropäisch-rationalistischen Zügen, die noch aus der literarischen Unterwelt von Petersburg stammen, viel zu künstlich. Es würde keine Niederlage überleben, da es nicht einmal einen Sieg überleben würde: Einem siegreichen General gegenüber wäre die Moskauer Bürokratie verloren. Sowjetrußland würde durch irgendein anderes Rußland abgelöst und die regierende Horde wahrscheinlich abgeschlachtet werden. Aber damit wäre nur der Bolschewismus marxistischen Stils überwunden, der nationalistisch-asiatische würde hemmungslos ins Gigantische wachsen. Aber ist die Rote Armee überhaupt zuverlässig? Ist sie brauchbar? Wie steht es mit den berufsmäßigen und sittlichen Qualitäten des „Offizierskorps“? Was bei den Paraden in Moskau gezeigt wird, sind nur die Eliteregimenter aus zuverlässigen Kommunisten, die eigentliche Leibgarde der Machthaber. Aus der Provinz hört man immer wieder von unterdrückten Verschwörungen. Und sind die Eisenbahnen, Flugzeuge, Rüstungsindustrien einer ernsthaften Inanspruchnahme überhaupt gewachsen? Sicher ist, daß das russische Verhalten in der Mandschurei und die Nichtangriffspakte im Westen den Entschluß verraten, einer militärischen Probe unter allen Umständen aus dem Wege zu gehen. Die anderen Mittel, die wirtschaftliche Vernichtung der Gegner durch den Handel und vor allem die Revolution, nicht als ideales Ziel, sondern als Waffe gedacht, wie sie 1918 von England und Frankreich gegen Deutschland angewendet wurde, sind ungefährlicher und wirksamer.

Demgegenüber hat Japan eine sehr starke Stellung. Zur See ist es fast unangreifbar wegen der Inselketten, deren schmale Durchgänge mit Minenfeldern, Unterseeboten und Flugzeugen sicher gesperrt werden können, so daß das Chinesische Meer für keine fremde Flotte erreichbar ist. Darüber hinaus hat sich Japan in der Mandschurei ein Festlandgebiet von gewaltiger wirtschaftlicher Zukunft gesichert – die Sojabohne hat heute schon die Rentabilität der Kokos- und Ölpalme in der Südsee und in Westafrika zerstört – , dessen Menschenzahl ungeheuer wächst und dessen endgültige Grenzen heute noch ganz unbestimmt sind. Der geringste Versuch der Bolschewisten, militärisch gegen diese Machtverschiebung einzuschreiten, würde zur Fortnahme von Wladiwostok, der östlichen Mongolei und wahrscheinlich Pekings führen. Die einzige praktische Gegenwirkung ist die rote Revolution in China, aber sie ist seit der Gründung der Kuomintang immer wieder an „kapitalistischen" Angriffen gescheitert, nämlich an der Bestechung der Generäle und ganzer Armeen von irgendeiner Seite. Uralte Fellachenvölker wie die Inder und Chinesen können nie wieder eine selbständige Rolle in der Welt der großen Mächte spielen. Sie können die Herren wechseln, den einen vertreiben – etwa die Engländer aus Indien –, um dem nächsten zu erliegen, aber sie werden nie mehr eine eigene innere Form des politischen Daseins hervorbringen. Dazu sind sie zu alt, zu starr, zu verbraucht. Auch die Form ihrer heutigen Auflehnung samt deren Zielen – Freiheit, Gleichheit, Parlament, Republik, Kommunismus und dergleichen – sind ohne Ausnahme von Westeuropa und Moskau importiert. Sie sind Objekte und Kampfmittel für fremde Mächte, ihre Länder Schlachtfelder für fremde Entscheidungen, aber gerade dadurch können sie eine gewaltige, wenn auch vorübergehende Bedeutung erlangen.

Ohne Zweifel haben Rußland und Japan den Blick auf die hier ruhenden Möglichkeiten gerichtet und arbeiten im stillen mit Mitteln, die der „Weiße" weder kennt noch sieht. Aber steht Japan heute noch so fest wie zur Zeit des Russischen Krieges? Damals regierte die alte, stolze, ehrenhafte und tapfere Herrenschicht der Samurai, die mit zum besten gehört, was die ganze Welt an „Rasse" besitzt. Aber heute hört man von radikalen Parteien, Streiks, bolschewistischer Propaganda und ermordeten Ministern. Ist dieser prachtvolle Staat schon über den Gipfel seines Daseins hinaus, vergiftet von den demokratisch-marxistischen Verfallsformen der weißen Völker, jetzt wo der Kampf um den Stillen Ozean eben in die entscheidende Phase tritt? Sollte es seine alte Offensivkraft noch besitzen, dann ist es in Verbindung mit der unvergleichlichen strategischen Lage zur See jeder feindlichen Kombination gewachsen. Aber wer kommt hier als Gegner ernsthaft in Betracht? Rußland sicherlich nicht, und ebensowenig irgendeine westeuropäische Macht. Nirgends kann man das Herabsinken all dieser Staaten von ihrem einstigen politischen Rang so deutlich empfinden wie hier. Vor kaum zwanzig Jahren waren Port Arthur, Weihaiwei und Kiautschou besetzt und die Aufteilung Chinas in Interessensphären westlicher Mächte im Gang. Das pazifische Problem war einmal ein europäisches. Jetzt wagt nicht einmal England mehr, den seit Jahrzehnten geplanten Ausbau von Singapur durchzuführen. Es hatte der mächtige Stützpunkt der englischen Flotte bei ostasiatischen Verwicklungen sein sollen, aber läßt es sich gegen Japan und Frankreich halten, wenn dieses den Landweg über Hinterindien freigibt? Verzichtet England aber auf seine alte Stellung in diesen Meeren und gibt damit Australien dem japanischen Druck preis, so wird dieses mit Sicherheit aus dem Empire ausscheiden und sich Amerika anschließen. Amerika ist der einzige ernsthafte Gegner, aber wie stark ist er an dieser Stelle zur See, trotz des Panamakanals? San Franzisko und Hawaii liegen viel zu weit entfernt, um Flottenstützpunkte gegen Japan zu sein, die Philippinen sind kaum zu halten und Japan besitzt im lateinischen Amerika mögliche Verbündete gegen New York, deren Bedeutung sich nicht dadurch vermindert, daß man nicht von ihnen spricht.

9

Sind die Vereinigten Staaten eine Macht, die Zukunft hat? Flüchtige Beobachter redeten vor 1914 von unbegrenzten Möglichkeiten, nachdem sie sich ein paar Wochen lang umgesehen hatten, und die neue „Gesellschaft" Westeuropas nach 1918, aus Snob und Mob gemischt, schwärmt vom jungen, starken, uns weit überlegenen und schlechtweg vorbildlichen Amerikanertum, aber sie verwechseln Rekorde und Dollars mit der seelischen Kraft und Tiefe des Volkstums, die dazugehören, wenn man eine Macht von Dauer sein will, den Sport mit Gesundheit der Rasse und geschäftliche Intelligenz mit Geist. Was ist der „hundertprozentige" Amerikanismus? Ein nach dem unteren Durchschnitt genormtes Massedasein, eine primitive Pose oder ein Versprechen der Zukunft? Sicher ist, daß es hier bisher weder ein wirkliches Volk noch einen wirklichen Staat gibt. Können sich beide durch ein hartes Schicksal noch herausbilden oder schließt das der Typus des Kolonialmenschen aus, dessen seelische Vergangenheit anderswo lag und abgestorben ist? Der Amerikaner redet wie der

Engländer nicht von Staat oder Vaterland, sondern von *this country* . In der Tat handelt es sich um ein unermeßliches Gebiet und um eine von Stadt zu Stadt schweifende Bevölkerung von Trappern, die in ihm auf die Dollarjagd gehen, rücksichtslos und ungebunden, denn das Gesetz ist nur für den da, der nicht schlau oder mächtig genug ist, es zu verachten.

Die Ähnlichkeit mit dem bolschewistischen Rußland ist viel größer als man denkt: Dieselbe Weite der Landschaft, die jeden erfolgreichen Angriff eines Gegners und damit das Erlebnis wirklicher nationaler Gefahr ausschließt und so den Staat entbehrlich macht, infolge davon aber auch ein echt politisches Denken nicht entstehen läßt. Das Leben ist ausschließlich wirtschaftlich gestaltet und entbehrt deshalb der Tiefe, um so mehr als ihm das Element der echten geschichtlichen Tragik, das große Schicksal fehlt, das die Seele der abendländischen Völker durch Jahrhunderte vertieft und erzogen hat. Die Religion, ursprünglich ein strenger Puritanismus, ist eine Art von pflichtgemäßer Unterhaltung geworden und der Krieg war ein neuer Sport. Und dieselbe Diktatur der öffentlichen Meinung hier und dort, ob sie nun parteimäßig oder gesellschaftlich vorgeschrieben ist, die sich auf alles erstreckt, was im Abendland dem Willen des einzelnen freigestellt ist, Flirt und Kirchgang, Schuhe und Schminke, Modetänze und Moderomane, das Denken, Essen und Vergnügen. Alles ist für alle gleich. Es gibt einen nach Körper, Kleidung und Seele genormten Typus des Amerikaners und vor allem der Amerikanerin, und wer sich dagegen auflehnt, wer das öffentlich zu kritisieren wagt, verfällt der allgemeinen Ächtung, in New York wie in Moskau. Und endlich findet sich eine fast russische Form des Staatssozialismus oder Staatskapitalismus, dargestellt durch die Masse der Trusts, die den russischen Wirtschaftsverwaltungen entsprechend Produktion und Absatz bis ins einzelne planmäßig normen und leiten. Sie sind die eigentlichen Herren des Landes, hier wie dort. Es ist der faustische Wille zur Macht, aber aus dem organisch Gewachsenen ins seelenlos Mechanische übersetzt. Der Dollarimperialismus, der ganz Amerika bis nach Santiago und Buenos Aires hin durchdringt und überall die westeuropäische, vor allem die englische Wirtschaft zu untergraben und auszuschalten sucht, gleicht mit seiner Einordnung der politischen Macht in wirtschaftliche Tendenzen genau dem bolschewistischen, und dessen Losung: „Asien den Asiaten" entspricht im wesentlichen durchaus der heutigen Auffassung der Monroedoktrin für Lateinamerika: Ganz Amerika für die Wirtschaftsmacht der Vereinigten Staaten. Das ist der letzte Sinn der Gründung „unabhängiger"

Republiken wie Kuba und Panama, des Eingreifens in Nikaragua und des Sturzes unbequemer Präsidenten durch die Macht des Dollars bis nach dem äußersten Süden hin.

Aber diese staat- und gesetzlose „Freiheit“ des rein wirtschaftlich gerichteten Lebens hat eine Kehrseite. Es ist aus ihm heraus eine Seemacht entstanden, die stärker zu werden beginnt als die Englands, und die zwei Ozeane beherrscht. Es sind Kolonialbesitzungen entstanden: die Philippinen, Hawaii, die Westindischen Inseln. Und man ist von geschäftlichen Interessen und durch die englische Propaganda immer tiefer in den ersten Weltkrieg bis zur militärischen Beteiligung hineingezogen worden. Damit aber sind die Vereinigten Staaten ein führendes Element der Weltpolitik geworden, ob sie es wissen und wollen oder nicht, und sie müssen nun nach innen und außen staatspolitisch denken und handeln lernen oder in ihrer heutigen Gestalt verschwinden. Ein Zurück gibt es nicht mehr. Ist der „Yankee“ dieser schweren Aufgabe gewachsen? Stellt er eine unzerstörbare Art des Lebens dar oder ist er nur eine Mode der leiblichen, geistigen und seelischen Kleidung? Aber wieviel Einwohner des Landes gehören diesem herrschenden angelsächsischen Typus innerlich überhaupt nicht an? Von den Negern ganz abgesehen sind in den zwanzig Jahren vor dem Kriege nur noch wenige Deutsche, Engländer und Skandinavier eingewandert, aber 15 Millionen Polen, Russen, Tschechen, Balkanslaven, Ostjuden, Griechen, Vorderasiaten, Spanier und Italiener. Sie sind zum großen Teil nicht mehr im Amerikanertum aufgegangen und bilden ein fremdartiges, andersdenkendes und sehr fruchtbares Proletariat mit dem geistigen Schwerpunkt in Chikago. Sie wollen ebenfalls den gesetzlos freien Wirtschaftskampf, aber sie fassen ihn anders auf.

Gewiß, es gibt keine kommunistische Partei. Die hat es als Organisation für Wahlzwecke auch im Zarenreich nicht gegeben. Aber es gibt hier wie dort eine mächtige Unterwelt fast Dostojewskischer Prägung mit eigenen Machtzielen, Zersetzungs- und Geschäftsmethoden, die infolge der üblichen Korruption der Verwaltungs- und Sicherheitsorgane, vor allem durch den Alkoholschmuggel, der die politische und soziale Demoralisation bis zum äußersten gesteigert hat, bis in sehr wohlhabende Schichten der Gesellschaft hinaufreicht. Sie schließt das Berufsverbrechertum ebenso ein wie die geheimen Gesellschaften von der Art des Ku-Klux-Klan. Sie umfaßt Neger und Chinesen so gut wie die entwurzelten Elemente aller europäischen Stämme und Rassen, und sie besitzt sehr wirksame, zum Teil schon alte Organisationen nach Art der italienischen Camorra, der spanischen Guerillas und der russischen Nihilisten vor und Tschekisten nach 1917. Das Lynchen, die Entführungen und Attentate, Mord, Raub und Brand sind längst erprobte Mittel der politisch-wirtschaftlichen Propaganda. Ihre Anführer nach Art der Jack Diamond und Al Capone besitzen Villen, Autos und verfügen über Bankguthaben, welche die vieler Trusts und selbst mittlerer Staaten übertreffen. In weiten, dünnbevölkerten Gebieten haben Revolutionen notwendig eine andere Form als in den Hauptstädten Westeuropas. Die lateinamerikanischen Republiken beweisen das unaufhörlich. Hier gibt es keinen starken Staat, der durch den Kampf gegen ein Heer mit alten Traditionen gestürzt werden müßte, aber auch keinen, der die bestehende Ordnung schon durch die Ehrfurcht vor seinem Dasein verbürgt. Was hier *government* heißt, kann sich sehr plötzlich in nichts auflösen. Schon vor dem Kriege haben die Trusts bei einem Streik oft genug ihre Werke durch eigene Befestigungen und Maschinengewehrschützen verteidigt. Es gibt im „Lande der Freiheit" nur den Entschluß freier Männer, sich selbst zu helfen – der Revolver in der Hosentasche ist eine amerikanische Erfindung –, aber er steht den Besitzenden ebenso frei wie den andern. Erst kürzlich haben die Farmer in Iowa ein paar Städte belagert und mit Aushungern bedroht, wenn ihnen ihre Produkte nicht zu einem menschenwürdigen Preis abgenommen würden. Vor wenig Jahren hätte man jeden für irrsinnig erklärt, der das Wort Revolution in Beziehung auf dies Land ausgesprochen hätte. Heute sind derartige Gedanken längst an der Tagesordnung. Was werden die Massen von Arbeitslosen tun – ich wiederhole: zum überwiegenden Teil nicht „hundertprozentige Amerikaner" –, wenn ihre Hilfsquellen vollständig erschöpft sind und es keine staatliche Unterstützung gibt, weil es keinen organisierten Staat mit genauer und ehrlicher Statistik und Kontrolle der Bedürftigen gibt? Werden sie sich der Kraft ihrer Fäuste und ihrer wirtschaftlichen Interessengemeinschaft mit der Unterwelt erinnern? Und wird die geistig primitive, nur an Geld denkende Oberschicht im Kampf mit dieser ungeheuren Gefahr auf einmal schlummernde moralische Kräfte offenbaren, die zum wirklichen Aufbau eines Staates führen und zur seelischen Bereitschaft, Gut und Blut für ihn zu opfern, statt wie bisher den Krieg als Mittel zum Geldverdienen aufzufassen? Oder werden die wirtschaftlichen Sonderinteressen einzelner Gebiete doch stärker bleiben und, wie 1861 schon einmal, zum Zerfall des Landes in einzelne Staaten führen – etwa den industriellen Nordosten, die Farmergebiete des Mittleren Westens, die Negerstaaten des Südens und das Gebiet jenseits der Rocky Mountains?

Es gibt, wenn man von Japan absieht, das lediglich den Wunsch hat, seine imperialistischen Pläne in Ostasien und nach Australien hin ungestört durchzuführen, nur eine Macht, welche alles tun und jedes Opfer bringen würde, um einen solchen Zerfall zu fördern: England. Es hat das schon einmal getan, bis dicht an eine Kriegserklärung heran: 1862-64 während des Sezessionskrieges, als für die Südstaaten in britischen Häfen Kriegs- und Kaperschiffe gebaut oder gekauft wurden, die, in europäischen Gewässern ausgerüstet und bemannt – die „Alabama" sogar mit britischen Seesoldaten –, die Handelsschiffe der Nordstaaten überall verbrannten und versenkten, wo sie sich auch trafen. Damals war England noch unbestrittene Herrin der Meere. Es war der einzige Grund, weshalb die Regierung von Washington den Krieg nicht wagte. Die „Freiheit der Meere" war die englische Freiheit des Handelns, nichts anderes.

Das ist seit 1918 zu Ende. England, im 19. Jahrhundert das Kontor der Welt, ist heute nicht mehr reich genug, um im Tempo des Flottenbaues die Spitze zu halten, und seine Macht reicht nicht mehr aus, um andere mit Gewalt an der Überflügelung zu hindern. Das Vorgefühl dieser historischen Grenze war einer der Gründe für den Krieg gegen Deutschland, und der November 1918 wahrscheinlich die letzte, allzu kurze Zeit, in der sich diese Macht von gestern die Illusion eines großen Sieges gönnen durfte. Aber abgesehen von der wachsenden Unterlegenheit im Bau von Schlachtschiffen hat sich, wie eben gezeigt wurde, der Begriff der Seebeherrschung grundlegend verändert. Neben den Unterseebooten sind die Flugzeuge eine überlegene Waffe geworden und damit das Hinterland wichtiger als Küste und Häfen. Gegenüber französischen Bombengeschwadern hat England aufgehört, strategisch eine Insel zu sein. Mit dem schweren Schlachtschiff sinkt das seebeherrschende England in die Vergangenheit.

Aber auch die englische Nation ist der Seele und Rasse nach nicht mehr stark, nicht mehr jung und gesund genug, um diese furchtbare Krise mit Zuversicht durchzukämpfen. England ist müde geworden. Es hat noch im 19. Jahrhundert zuviel wertvolles Blut für seine Besitzungen hingegeben, durch Auswanderung an die weißen Dominions, durch klimatische Verheerungen in den farbigen Kolonien. Und vor allem fehlt ihm die rassenmäßige Grundlage eines starken Bauerntums. Die seit der Normannenzeit herrschende Oberschicht aus Germanen und Kelten – es gibt keinen Unterschied dazwischen – ist aufgebraucht. Überall dringt die massenhafte Urbevölkerung, die man fälschlich Kelten nennt, mit ihrem andersgearteten, „französischen" Lebensgefühl in die herrschende Stellung ein und hat z. B. schon die alte, oligarchische Form der vornehmen parlamentarischen Regierung in die kontinentale und anarchische Art schmutziger Parteikämpfe umgewandelt. Galsworthy hat diese Tragik des Erlöschens mit tiefem schmerzlichen Verstehen in seiner Forsyte Saga geschildert. Damit siegt wirtschaftlich das Rentnerideal über den kapitalistischen Imperialismus. Man besitzt noch erhebliche Reste des einstigen Reichtums, aber der Antrieb fehlt, neuen zu erkämpfen, Industrie und Handel veralten langsam in ihren Methoden, ohne daß die schöpferische Energie da wäre, nach amerikanischem und deutschem Vorbild neue Formen zu schaffen. Die Unternehmungslust stirbt ab, und die junge Generation zeigt geistig, sittlich und in ihrer Weltanschauung einen Absturz von der Höhe, zu der die Qualität der englischen Gesellschaft im vorigen Jahrhundert hinaufgezüchtet war, der erschreckend und in der ganzen Welt ohne Beispiel ist. Der alte Appell: *England expects everyman to do his duty* , den vor dem Kriege jeder junge Engländer aus guter Familie in Eton und Oxford an sich persönlich gerichtet fühlte, hallt heute in den Wind. Man beschäftigt sich spielerisch mit bolschewistischen Problemen, treibt Erotik als Sport und Sport als Beruf und Inhalt des Lebens. Es sind die Leute der älteren Generation, die schon als Männer in hohen Stellungen tätig waren, als der Krieg ausbrach, welche sich in Sorge und Verzweiflung fragen, wer denn das Ideal des Greater Britain nach ihnen verteidigen soll. Bernhard Shaw hat im „Kaiser von Amerika“ angedeutet, daß „einige“ lieber den hoffnungslosen Kampf gegen Amerikas Übermacht durchfechten als die Waffen strecken würden, aber wie viele werden das in zehn, in zwanzig Jahren sein? Im Westminsterstatut von 1931 hat England die weißen Dominions als Commonwealth of nations sich völlig gleichgestellt. England hat auf den Vorrang verzichtet und verband sich mit diesen Staaten auf Grund gleicher Interessen, vor allem des Schutzes durch die englische Flotte. Aber morgen schon können Kanada und Australien sich ohne Sentimentalität den Vereinigten Staaten zuwenden, wenn sie dort ihre Interessen, etwa als weiße Nationen gegen das gelbe Japan, besser gewahrt sehen. Jenseits von Singapur ist die einstige Stellung Englands schon aufgegeben, und wenn Indien verloren geht, hat auch die Stellung in Ägypten und im Mittelmeer keinen eigentlichen Sinn mehr. Die englische Diplomatie alten Stils versucht vergebens, den Kontinent wie einst für englische Zwecke gegen Amerika – als Schuldnerfront – und gegen Rußland – als Front gegen den Bolschewismus – mobil zu machen. Aber das ist bereits Diplomatie von vorgestern. Sie hat 1914 ihren letzten verhängnisvollen Erfolg gehabt. Und wie, wenn sich beim letzten Aufbäumen englischen traditionsgesättigten Stolzes Rußland und Amerika verständigen? Das liegt nicht außerhalb aller Möglichkeiten.

Gegenüber solchen Erscheinungen, in denen sich das Schicksal der Welt vielleicht für Jahrhunderte dunkel und drohend zusammenballt, haben die romanischen Länder nur noch provinziale Bedeutung. Auch Frankreich, dessen Hauptstadt im Begriff ist, eine historische Sehenswürdigkeit zu werden wie Wien und Florenz, und Athen in der Römerzeit. Solange der alte Adel keltischen und germanischen Blutes, dessen Stammbäume in die Zeit von der Völkerwanderung bis zu den Kreuzzügen zurückreichten, die große Politik in Händen hatte, etwa bis auf Ludwig XIV., gab es große Ziele, wie die Kreuzzüge selbst und die Kolonialgründungen des 17. Jahrhunderts. Das französische Volk aber hat von jeher immer nur mächtig gewordene Nachbarn gehaßt, weil deren Erfolge seine Eitelkeit verletzten, die Spanier, die Engländer, vor allem die Deutschen – im habsburgischen wie im Hohenzollernstaat –, gegen die der uralte Haß seit der mißglückten „Rache für Sadowa" ins Irrsinnige wuchs. Es hat niemals in die Fernen des Raumes und der Zeit zu denken vermocht, in der Politik so wenig wie in der Philosophie, und sein Streben nach *gloire* immer nur durch die Einverleibung oder Verwüstung von Landstrichen an der Grenze befriedigt. Welcher echte Franzose begeistert sich im Grunde für den riesigen Besitz in Westafrika mit Ausnahme von hohen Militärs und Pariser Geldleuten? Oder gar für Hinterindien? Und was geht sie selbst Elsaß-Lothringen an, nachdem sie es „zurückerobert" haben? Mit dieser Tatsache hat es jeden Reiz für sie verloren.

Die französische Nation sondert sich immer deutlicher in zwei seelisch grundverschiedene Bestandteile. Der eine, weitaus zahlreichere ist das „girondistische" Element, der Provinzfranzose, der Schwärmer für ein Rentnerideal, der Bauer und Bourgeois. Sie wollen nichts als die Ruhe eines in Schmutz, Geiz und Stumpfheit müde und unfruchtbar gewordenen Volkstums, ein wenig Geld, Wein und *"amour"*, und wollen nichts mehr von großer Politik, von wirtschaftlichem Ehrgeiz, vom Kampf um bedeutende Lebensziele hören. Darüber aber liegt die langsam kleiner werdende jakobinische Schicht, die seit 1792 das Schicksal des Landes bestimmt und den Nationalismus französischer Prägung nach einer alten Lustspielfigur von 1831 auf den Namen Chauvin getauft hat. Sie setzt sich zusammen aus Offizieren, Industriellen, den höheren Beamten der von Napoleon streng zentralisierten Verwaltung, den Journalisten der Pariser Presse, den Abgeordneten ohne Unterschied der Parteien und ihrer Programme

– Abgeordneter sein bedeutet in Paris ein Privat-, kein Parteigeschäft – und einigen mächtigen Organisationen wie der Loge und den Frontkämpferverbänden. Im stillen geleitet und ausgenützt wird sie seit einem Jahrhundert von der internationalen Pariser Hochfinanz, welche die Presse und die Wahlen bezahlt. Chauvinismus ist längst in weitem Umfange ein Geschäft.

Die Herrschaft dieser Oberschicht beruht heute auf der namenlosen aber echten Angst der Provinz vor irgendwelchen außenpolitischen Gefahren und vor neuer Entwertung der Ersparnisse, einer Angst, die durch die Pariser Presse und die geschickte Art, Wahlen zu machen, aufrechterhalten wird. Aber diese Stimmung ist noch auf Jahre hinaus eine Gefahr für alle Nachbarländer, England und Italien so gut wie Deutschland. Sie hat sich vor 1914 von England und Rußland für deren Ziele gebrauchen lassen und würde heute noch einem geschickten Staatsmann eines fremden Landes als Instrument zur Verfügung stehen. Die Gestalt Chauvins wächst langsam zum Gegenteil des spanischen Don Quichote empor und erregt heute schon in ihrer grandiosen Komik das Lächeln der halben Welt: Der greisenhaft gewordene Draufgänger, der nach vielen Heldentaten, mit dem größten Goldhaufen der Welt hinter sich, bis an die Zähne bewaffnet und mit allen möglichen Rüstungsstücken behängt, von schwerbewaffneten Dienern umgeben und alle Freunde von gestern zu Hilfe rufend in seinem zur Festung umgebauten Hause zitternd aus dem Fenster blickt und beim Anblick jedes kaum bewaffneten Nachbarn außer sich gerät. Das ist das Ende der *grande nation* . Ihr Erbe im Gebiet des Mittelmeers und Nordafrikas wird vielleicht die Schöpfung Mussolinis sein, wenn sie sich unter seiner Leitung lange genug bewährt, um die nötige seelische Festigkeit und Dauer zu gewinnen.

Von keiner dieser Mächte kann man heute sagen, ob sie um die Mitte des Jahrhunderts in ihrer heutigen Gestalt noch vorhanden ist. England kann auf seine Insel beschränkt, Amerika zerfallen sein; Japan und Frankreich, die heute allein wissen, was ein starkes Heer wert ist, können in die Hände kommunistischer Gewalthaber gefallen sein. Die künftigen Möglichkeiten Rußlands lassen sich zum Teil nicht einmal vermuten. Aber beherrscht wird die augenblickliche Lage von dem Gegensatz zwischen England und Rußland im Osten und zwischen England und Amerika im Westen. In beiden Fällen geht England wirtschaftlich, diplomatisch, militärisch und moralisch zurück, und die schon verlorenen Positionen sind zum Teil überhaupt nicht, auch nicht durch einen Krieg wieder zu gewinnen. Bedeutet das die notwendige Wahl zwischen Krieg und Kapitulation? Oder steht dem Unterliegenden nicht einmal diese

Wahl mehr frei? Die meisten Angelsachsen auf beiden Seiten des Atlantischen Ozeans glauben sich durch Blut und Tradition fester verbunden, als daß sie hier vor eine Entscheidung gestellt werden könnten. Aber der Glaube, daß Blut dicker sei als Wasser, hat für England und Deutschland seine Probe schlecht bestanden. Der Bruderhaß ist unter Menschen immer stärker gewesen als der Haß gegen Fremde, und gerade er kann aus kleinen Anlässen plötzlich zu einer Leidenschaft wachsen, die kein Zurück mehr gestattet.

So sieht die Welt aus, von der Deutschland umgeben ist. In dieser Lage ist für eine Nation ohne Führer und Waffen, verarmt und zerrissen, nicht einmal das nackte Dasein gesichert. Wir haben Millionen in Rußland abschlachten und in China verhungern sehen, und es war für die übrige Welt nur eine Zeitungsnachricht, die man am Tage darauf vergaß. Kein Mensch würde draußen in seiner Ruhe gestört werden, wenn Schlimmeres irgendwo in Westeuropa geschähe. Man erschrickt nur vor Drohungen; mit vollendeten Tatsachen findet der Mensch sich schnell ab. Ob einzelne oder Völker sterben, sie hinterlassen keine Lücke. Angesichts dieser Lage haben wir Deutschen bisher nichts aufgebracht als den Lärm um Parteiideale und das gemeine Gezänk um die Vorteile von Berufsgruppen und Länderwinkeln. Aber der Verzicht auf Weltpolitik schützt nicht vor ihren Folgen. In denselben Jahren, als Kolumbus Amerika entdeckte und Vasco da Gama den Seeweg nach Ostindien fand, als die westeuropäische Welt ihre Macht und ihren Reichtum über den Erdball zu erstrecken begann, wurde auf Antrag der englischen Kaufmannschaft der Stahlhof in London geschlossen, das letzte Zeichen einstiger hanseatischer Großmacht, und damit verschwanden deutsche Kauffahrer von den Ozeanen, weil es keine deutsche Flagge gab, die von ihren Masten wehen konnte. Damit war Deutschland ein Land geworden, zu arm für eine große Politik. Es mußte seine Kriege mit fremdem Geld und im Dienste dieses Geldes führen und führte sie um elende Fetzen eigenen Landes, die von einem Zwergstaat dem andern fortgenommen wurden. Die großen Entscheidungen in der Ferne wurden weder beachtet noch begriffen. Unter Politik verstand man etwas so Erbärmliches und Kleines, daß sich nur Menschen von sehr kleinem Charakter damit beschäftigen mochten. Soll das wiederkommen, jetzt in den entscheidenden Jahrzehnten? Sollen wir als Träumer, Schwärmer und Zänker von den Ereignissen verschlungen werden und nichts hinterlassen, was unsere Geschichte in einiger Größe vollendet? Das Würfelspiel um die Weltherrschaft hat erst begonnen. Es wird zwischen starken Menschen zu Ende gespielt werden. Sollten nicht auch Deutsche darunter sein?

Die weiße Weltrevolution

10

So sieht das Zeitalter der Weltkriege aus, in dessen Anfängen wir uns erst befinden. Aber dahinter erscheint das zweite Element der ungeheuren Umwälzung, die Weltrevolution. Was will sie? Worin besteht sie? Was hat das Wort im tiefsten Grunde zu bedeuten? Man versteht seinen vollen Inhalt heute so wenig wie den geschichtlichen Sinn des ersten Weltkrieges, der eben erst hinter uns liegt. Es handelt sich nicht um die Bedrohung der Weltwirtschaft durch den Bolschewismus von Moskau, wie es die einen, und nicht um die „Befreiung" der Arbeiterklasse, wie es die andern meinen. Das sind nur Fragen der Oberfläche. Vor allem: diese Revolution droht nicht erst, sondern wir stehen mitten darin, und nicht erst seit gestern und heute, sondern seit mehr als einem Jahrhundert. Sie durchkreuzt den „horizontalen" Kampf zwischen den Staaten und Nationen durch den vertikalen zwischen den führenden Schichten der weißen Völker und den andern, und im Hintergrund hat schon der weit gefährlichere zweite Teil dieser Revolution begonnen: der Angriff auf die Weißen überhaupt von Seiten der gesamten Masse der farbigen Erdbevölkerung, die sich ihrer Gemeinschaft langsam bewußt wird.

Dieser Kampf herrscht nicht nur zwischen den Schichten von Menschen, sondern darüber hinaus zwischen den Schichten des Seelenlebens bis in den einzelnen Menschen hinein. Fast jeder von uns hat diesen Zwiespalt des Fühlens und Meinens in sich, obwohl er das gar nicht weiß. Deshalb kommen so wenige zu der klaren Einsicht, auf welcher Seite sie wirklich stehen. Aber gerade das zeigt die innere Notwendigkeit dieser Entscheidung, die weit über das persönliche Wünschen und Wirken hinausgeht. Mit den Schlagworten, welche der herrschenden Mode des Denkens entstammen, Bolschewismus, Kommunismus, Klassenkampf, Kapitalismus und Sozialismus, mit denen jeder die Frage genau umschrieben glaubt, weil er nicht in die Tiefe der Tatsachen zu sehen vermag, ist da sehr wenig gewonnen. Das gleiche hat sich in allen vergangenen Kulturen auf der gleichen Stufe zugetragen, so wenig wir im einzelnen davon wissen.

Aber von der Antike wissen wir genug. Der Höhepunkt der revolutionären Bewegung liegt in der Zeit von Tib. und C. Gracchus bis auf Sulla, aber der Kampf gegen die führende Schicht und deren gesamte Tradition begann schon ein volles Jahrhundert früher durch C. Flaminius, dessen Ackergesetz von 232 Polybius (II, 21) mit Recht als den Anfang der Demoralisation der Volksmasse bezeichnet hat. Diese Entwicklung wurde nur vorübergehend durch den Krieg gegen Hannibal unterbrochen und abgelenkt, gegen dessen Ende bereits Sklaven in das „Bürgerheer" eingestellt worden sind. Seit der Ermordung der beiden Gracchen – und ihres großen Gegners, des jüngeren Scipio Afrikanus – schwinden die staatserhaltenden Mächte altrömischer Tradition schnell dahin. Marius, aus dem niederen Volk und nicht einmal aus Rom stammend, stellte das erste Heer auf, das nicht mehr auf Grund der allgemeinen Wehrpflicht, sondern aus besoldeten, ihm persönlich anhängenden Freiwilligen gebildet war, und griff mit ihm rücksichtslos und blutig in die inneren Verhältnisse Roms ein. Die alten Geschlechter, in denen seit Jahrhunderten staatsmännische Begabung und sittliches Pflichtbewußtsein herangezüchtet worden waren und denen Rom seine Stellung als Weltmacht verdankte, wurden zum guten Teil ausgerottet. Der Römer Sertorius versuchte mit den barbarischen Stämmen Spaniens dort einen Gegenstaat zu gründen, und Spartakus rief die Sklaven Italiens zur Vernichtung des Römertums auf. Der Krieg gegen Jugurtha und die Verschwörung Catilinas zeigten den Verfall der herrschenden Schichten selbst, deren entwurzelte Elemente jeden Augenblick bereit waren, den Landesfeind und den Pöbel des Forums für ihre schmutzigen Geldinteressen zu Hilfe zu rufen. Sallust hatte vollkommen recht: Am baren Gelde, nach dem der Pöbel und die reichen Spekulanten gleich gierig waren, sind die Ehre und Größe Roms, seine Rasse, seine Idee zugrunde gegangen. Aber diese großstädtische, von allen Seiten her zusammengelaufene Masse wurde – wie heute – nicht von innen heraus mobilisiert und organisiert, um ihr „Recht" auf Selbstregierung, ihre „Freiheit" vom Druck der herrschenden Schichten zu erkämpfen, sondern als Mittel für die Zwecke von Geschäftspolitikern und Berufsrevolutionären. Aus diesen Kreisen hat sich die „Diktatur von unten" als die notwendige letzte Folge der radikalen demokratischen Anarchie entwickelt, damals wie heute. Polybius, der staatsmännische Erfahrung und einen scharfen Blick für den Gang der Ereignisse besaß, sah das schon dreißig Jahre vor C. Gracchus mit Sicherheit voraus: „Wenn sie hinter hohen Staatsämtern her sind und sie nicht auf Grund persönlicher Vorzüge und Fähigkeiten erhalten können, dann verschwenden sie Geld, indem sie die Masse auf jede Art ködern und verführen. Die Folge ist, daß das Volk durch dies politische Strebertum ans Geschenknehmen gewöhnt und begehrlich nach Geld ohne Arbeit wird: Damit geht die Demokratie zu Ende, und es tritt die Gewalt und das Recht der Fäuste an ihre Stelle. Denn sobald die Menge, die von fremdem Eigentum zu leben und die Hoffnung für ihren Unterhalt auf den Besitz anderer zu gründen sich gewöhnt hat, einen ehrgeizigen und entschlossenen Führer findet, geht sie zur Anwendung der Macht ihrer Fäuste über. Und jetzt, sich zusammenrottend, wütet sie mit Mord und Vertreibung und eignet sich den Besitz der anderen an, bis sie völlig verwildert in die Gewalt eines unumschränkten Diktators gerät." – „Die eigentliche Katastrophe wird jedoch durch die Schuld der Masse herbeigeführt werden, wenn sie durch die Geldgier der einen sich geschädigt glaubt, während der Ehrgeiz der andern, ihrer Eitelkeit schmeichelnd, sie zur Selbstüberschätzung verführt. In der Wut wird sie sich erheben, wird bei allen Verhandlungen nur der Leidenschaft Gehör geben, wird denen, welche den Staat leiten, keinen Gehorsam mehr leisten, ja ihnen nicht einmal Gleichberechtigung zugestehen, sondern in allem das Recht der Entscheidung für sich fordern. Wenn es dahin kommt, wird der Staat sich mit den schönsten Namen schmücken, denen der Freiheit und Regierung des Volkes durch sich selbst, aber in Wirklichkeit wird er die schlimmste Form erhalten haben, die Ochlokratie, die Diktatur des Pöbels."

Diese Diktatur droht heute den weißen Völkern nicht etwa, sondern wir befinden uns unter ihrer vollen Herrschaft, und zwar so tief und so selbstverständlich, daß wir es gar nicht mehr bemerken. Die „Diktatur des Proletariats", das heißt seiner Nutznießer, der Gewerkschaften und der Parteifunktionäre aller Richtungen, ist eine vollzogene Tatsache, ob die Regierungen nun von ihnen gebildet oder infolge der Angst des „Bürgertums" von ihnen beherrscht werden. Das hatte Marius gewollt, aber er scheiterte an seinem völligen Mangel staatsmännischer Begabung. Davon besaß sein Neffe Cäsar um so mehr, und er hat die furchtbare Revolutionszeit durch seine Form der „Diktatur von oben" beendet, die an die Stelle der parteimäßigen Anarchie die unumschränkte Autorität einer überlegenen Persönlichkeit setzte, eine Form, der er für immer den Namen gegeben hat. Seine Ermordung und deren Folgen konnten nichts mehr daran ändern. Von ihm an gehen die Kämpfe nicht mehr um Geld oder Befriedigung des sozialen Hasses, sondern nur noch um den Besitz der absoluten Macht.

Mit dem Kampf zwischen „Kapitalismus" und „Sozialismus" hat das gar nichts zu tun. Im Gegenteil: die Klasse der großen Finanzleute und Spekulanten, die römischen *equites* , was seit Mommsen ganz irreführend mit Ritterschaft übersetzt wird, haben sich mit dem Pöbel und seinen Organisationen, den Wahlklubs (*sodalicia*) und bewaffneten Banden wie denjenigen des Milo und Clodius, immer sehr gut verstanden. Sie gaben das Geld her für Wahlen, Aufstände und Bestechungen, und C. Gracchus hat ihnen dafür die Provinzen zur unumschränkten Ausbeutung unter staatlicher Deckung preisgegeben, in denen sie namenloses Elend durch Plünderung, Wucher und den Verkauf der Bevölkerung ganzer Städte in die Sklaverei verbreiteten, und darüber hinaus die Besetzung der Gerichte, in denen sie nun über ihre eigenen Verbrechen urteilen und sich gegenseitig freisprechen konnten. Dafür versprachen sie ihm alles, und sie ließen ihn und seine ernstgemeinten Reformen fallen, als sie ihren eigenen Vorteil in Sicherheit gebracht hatten. Dieses Bündnis zwischen Börse und Gewerkschaft besteht heute wie damals. Es liegt in der natürlichen Entwicklung solcher Zeiten begründet, weil es dem gemeinsamen Haß gegen staatliche Autorität und gegen die Führer der produktiven Wirtschaft entspringt, welche der anarchischen Tendenz auf Gelderwerb ohne Anstrengung im Wege stehen. Marius, ein politischer Tropf wie viele volkstümliche Parteiführer, und seine Hintermänner Saturninus und Cinna dachten nicht anders als Gracchus; und Sulla, der Diktator der nationalen Seite, richtete deshalb nach der Erstürmung Roms unter den Finanzleuten ein furchtbares Gemetzel an, von dem sich diese Klasse nie wieder erholt hat. Seit Cäsar verschwindet sie als politisches Element vollständig aus der Geschichte. Ihr Dasein als politische Macht war mit dem Zeitalter der demokratischen Parteianarchie aufs engste verbunden und hat es mithin nicht überlebt.

11

Diese Revolution von der Dauer mehr als eines Jahrhunderts hat im tiefsten Grunde mit „Wirtschaft“ überhaupt nichts zu tun. Sie ist eine lange Zeit der Zersetzung des gesamten Lebens einer Kultur, die Kultur selbst als lebendiger Leib begriffen. Die innere Form des Lebens zerfällt und damit die Kraft, ihr durch schöpferische Werke, deren Gesamtheit die Geschichte der Staaten, Religionen, Künste bildet, nach außen hin Ausdruck zu geben, nachdem sie bis zur äußersten Höhe ihrer Möglichkeiten gereift war. Der einzelne Mensch mit seinem privaten Dasein folgt dem Zuge des Ganzen. Sein Tun, Sichverhalten, Wollen, Denken, Erleben bilden mit Notwendigkeit ein wenn auch noch so geringes Element in dieser Entwicklung. Wenn er das mit bloßen Wirtschaftsfragen verwechselt, so ist das schon ein Zeichen des Verfalls, der auch in ihm vor sich geht, ob er das nun fühlt und erkennt oder nicht. Es versteht sich von selbst, daß Wirtschaftsformen in demselben Grade Kultur sind wie Staaten, Religionen, Gedanken und Künste. Was man aber meint, sind nicht die Formen des Wirtschaftslebens, die unabhängig vom menschlichen Willen heranwachsen und vergehen, sondern der materielle Ertrag der wirtschaftlichen Tätigkeit, den man heute mit dem Sinn von Kultur und Geschichte schlechtweg gleichsetzt und dessen Sinken man ganz materialistisch und mechanistisch als „Ursache" und Inhalt der Weltkatastrophe betrachtet.

Der Schauplatz dieser Revolution des Lebens, ihr „Grund" zugleich und ihr Ausdruck ist die Großstadt, wie sie in der Spätzeit aller Kulturen sich zu bilden beginnt. In dieser steinernen und versteinernden Welt sammelt sich in immer steigendem Maße entwurzeltes Volkstum an, das dem bäuerlichen Lande entzogen wird, „Masse" in erschreckendem Sinne, formloser menschlicher Sand, aus dem man zwar künstliche und deshalb flüchtige Gebilde kneten kann, Parteien, nach Programmen und Idealen entworfene Organisationen, in dem aber die Kräfte natürlichen, durch die Folge der Generationen mit Tradition gesättigten Wachstums abgestorben sind, vor allem die natürliche Fruchtbarkeit allen Lebens, der Instinkt für die Dauer der Familien und Geschlechter. Der Kinderreichtum, das erste Zeichen einer gesunden Rasse, wird lästig und lächerlich. Es ist das ernsteste Zeichen des „Egoismus" großstädtischer Menschen, selbständig gewordener Atome, des Egoismus, der nicht das Gegenteil des heutigen Kollektivismus ist – dazwischen besteht überhaupt kein Unterschied; ein Haufen Atome ist nicht lebendiger als ein einzelnes –, sondern das Gegenteil des Triebes, im Blute von Nachkommen, in der schöpferischen Sorge für sie, in der Dauer seines Namens fortzuleben. Dafür schießt die kahle Intelligenz, diese einzige Blüte, das Unkraut des städtischen Pflasters, in unwahrscheinlichen Mengen auf. Das ist nicht mehr die sparsame, tiefe Weisheit alter Bauerngeschlechter, die so lange wahr bleibt, als die Geschlechter dauern, zu denen sie gehört, sondern der bloße Geist des Tages, der Tageszeitungen, Tagesliteratur und Volksversammlungen, der Geist ohne Blut, der alles kritisch zernagt, was von echter, also gewachsener Kultur noch lebendig aufrecht steht.

Denn Kultur ist ein Gewächs. Je vollkommener eine Nation die Kultur repräsentiert, zu deren vornehmsten Schöpfungen immer die Kulturvölker selbst gehören, je entschiedener sie im Stile echter Kultur geprägt und gestaltet ist, desto reicher ist ihr Wuchs gegliedert nach Stand und Rang, mit ehrfurchtgebietenden Distanzen vom wurzelhaften Bauerntum bis hinauf in die führenden Schichten der städtischen Gesellschaft. Hier bedeuten Höhe der Form, der Tradition, Zucht und Sitte, angeborene Überlegenheit der leitenden Geschlechter, Kreise, Persönlichkeiten das Leben, das Schicksal des Ganzen. Eine Gesellschaft in diesem Sinne bleibt von verstandesmäßigen Einteilungen und Wunschbildern unberührt oder sie hat aufgehört zu sein. Vor allem besteht sie aus Rangordnungen und nicht aus „Wirtschaftsklassen“. Diese englisch-materialistische Ansicht, die sich seit Adam Smith mit und aus dem zunehmenden Rationalismus entwickelt hat und vor fast hundert Jahren von Marx in ein flaches und zynisches System gebracht worden ist, wird dadurch nicht richtiger, daß sie sich durchgesetzt hat und in diesem Augenblick das gesamte Denken, Sehen und Wollen der weißen Völker beherrscht. Sie ist ein Zeichen des Verfalls der Gesellschaft und weiter nichts. Schon vor dem Ende dieses Jahrhunderts wird man sich mit Erstaunen fragen, wie diese Wertung gesellschaftlicher Formen und Stufen nach „Arbeitgebern“ und „Arbeitnehmern“, nach der Menge von Geld also, die der einzelne als Vermögen, Rente oder Lohn hat oder haben will, überhaupt ernst genommen werden konnte, nach der Geldmenge, nicht nach der standesgebundenen Art, wie es erworben und zu echtem Besitz gestaltet wird. Es ist der Standpunkt von Proleten und Parvenüs, die im tiefsten Grunde derselbe Typus sind, dieselbe Pflanze des großstädtischen Pflasters, vom Dieb und Agitator der Gasse bis zum Spekulanten der Börse und der Parteipolitik.

„Gesellschaft“ aber bedeutet Kultur haben, Form haben bis in den kleinsten Zug der Haltung und des Denkens hinein, Form, die durch eine lange Zucht von ganzen Geschlechtern herangebildet worden ist, strenge Sitte und Lebensauffassung, welche das gesamte Sein mit tausend nie ausgesprochenen und nur selten ins Bewußtsein tretenden Pflichten und Bindungen durchdringt, damit aber alle Menschen, die dazugehören, zu einer lebendigen Einheit macht, oft weit über die Grenzen einzelner Nationen hinaus wie den Adel der Kreuzzüge und des 18. Jahrhunderts. Das bestimmt den Rang; das heißt „Welt haben“. Das wird schon unter den germanischen Stämmen beinahe mystisch mit Ehre bezeichnet. Diese Ehre war eine Kraft, welche das ganze Leben der Geschlechter durchdrang. Die persönliche Ehre war nur das Gefühl der unbedingten Verantwortung des einzelnen für die Standesehre, die Berufsehre, die nationale Ehre. Der einzelne lebte das Dasein der Gemeinschaft mit, und das Dasein der andern war zugleich das seine. Was er tat, zog die Verantwortung aller nach sich, und damals starb ein Mensch nicht nur seelisch dahin, wenn er ehrlos geworden, wenn sein oder der Seinen Ehrgefühl durch eigene oder fremde Schuld tödlich verletzt worden war. Alles was man Pflicht nennt, die Voraussetzung jedes echten Rechts, die Grundsubstanz jeder vornehmen Sitte, geht auf Ehre zurück. Seine Ehre hat das Bauerntum wie jedes Handwerk, der Kaufmann und der Offizier, der Beamte und die alten Fürstengeschlechter. Wer sie nicht hat, wer „keinen Wert darauflegt", vor sich selbst wie vor seinesgleichen anständig dazustehen, ist „gemein". Das ist der Gegensatz zur Vornehmheit im Sinne jeder echten Gesellschaft, nicht die Armut, der Mangel an Geld, wie es der Neid heutiger Menschen meint, nachdem man jeden Instinkt für vornehmes Leben und Empfinden verloren hat und die öffentlichen Manieren aller „Klassen" und „Parteien" gleich pöbelhaft geworden sind.

In die alte vornehme Gesellschaft Westeuropas, die am Ende des 18. Jahrhunderts an Höhe des Lebens und Feinheit der Formen etwas erreicht hatte, das nicht mehr übertroffen werden konnte und in manchen Zügen schon zerbrechlich und krank zu werden begann, wuchs noch in den vierziger Jahren das erfolgreiche englisch-puritanische Bürgertum hinein, das den Ehrgeiz hatte, dem Hochadel in seiner Lebensführung gleich zu werden und wenn möglich mit ihm zu verschmelzen. Darin, in der Einverleibung immer neuer Ströme menschlichen Lebens, zeigt sich die Kraft alter gewachsener Formen. Aus den Plantagenbesitzern im spanischen Süd- und im englischen Nordamerika war längst eine echte Aristokratie nach dem Vorbild spanischer Granden und englischer Lords geworden. Die letztere wurde im Bürgerkrieg von 1861-65 vernichtet und durch die Parvenüs von New York und Chikago mit dem Protzentum ihrer Milliarden ersetzt. Noch nach 1870 wuchs das neue deutsche Bürgertum in die strenge Lebensauffassung des preußischen Offizier- und Beamtenstandes hinein. Aber das ist die Voraussetzung gesellschaftlichen Daseins: was durch Fähigkeiten und durch innere Kraft in höhere Schichten aufsteigt, muß durch die Strenge der Form und die Unbedingtheit der Sitte erzogen und geadelt werden, um in den Söhnen und Enkeln diese Form nunmehr selbst zu repräsentieren und weiterzugeben. Eine lebendige Gesellschaft erneuert sich unaufhörlich durch wertvolles Blut, das von unten, von außen einströmt. Es beweist die innere Kraft der lebendigen Form, wieviel sie aufnehmen, verfeinern und angleichen kann, ohne unsicher zu werden. Sobald aber diese Form des Lebens nicht mehr selbstverständlich ist, sobald sie der Kritik in bezug auf ihre Notwendigkeit auch nur Gehör verstattet, ist es mit ihr zu Ende. Man verliert den Blick für die Notwendigkeit der Gliederung, die jeder Art Mensch und menschlicher Tätigkeit ihren Rang im Leben des Ganzen anweist, den Sinn für die notwendige Ungleichheit der Teile also, die mit organischer Gestaltung identisch ist. Man verliert das gute Gewissen des eigenen Ranges und verlernt es, Unterordnung als selbstverständlich entgegenzunehmen, aber in demselben Grade verlernen es, erst in Folge davon, die unteren Schichten, diese Unterordnung zu leisten und als notwendig und berechtigt anzuerkennen. Je bedeutender eine Kultur ist, je mehr sie der Gestaltung eines edlen tierischen oder pflanzlichen Leibes gleicht, desto größer sind die Unterschiede der aufbauenden Elemente, die Unterschiede, nicht die Gegensätze, denn diese werden erst verstandesmäßig hineingetragen. Kein tüchtiger Knecht denkt daran, den Bauern als seinesgleichen zu betrachten, und jeder Vorarbeiter, der etwas leistet, verbittet sich den Ton der Gleichheit von Seiten ungelernter Arbeiter. Das ist das natürliche Empfinden menschlicher Verhältnisse. „Gleiche Rechte“ sind wider die Natur, sind die Zeichen der Entartung altgewordener Gesellschaften, sind der Beginn ihres unaufhaltsamen Zerfalls. Es ist intellektuelle Dummheit, den durch Jahrhunderte herangewachsenen und durch Tradition gefestigten Bau der Gesellschaft durch etwas anderes ersetzen zu wollen. Man ersetzt das Leben nicht durch etwas anderes. Auf das Leben folgt nur der Tod.

Und so ist es im tiefsten Grunde auch gemeint. Man will nicht verändern und verbessern, sondern zerstören. Aus jeder Gesellschaft sinken beständig entartete Elemente nach unten, verbrauchte Familien, heruntergekommene Glieder hochgezüchteter Geschlechter, Mißratene und Minderwertige an Seele und Leib – man sehe sich nur einmal die Gestalten in diesen Versammlungen, Kneipen, Umzügen und Krawallen an; irgendwie sind sie alle Mißgeburten, Leute, die statt tüchtiger Rasse im Leib nur noch Rechthabereien und Rache für ihr verfehltes Leben im Kopfe haben, und an denen der Mund der wichtigste Körperteil ist. Es ist die Hefe der großen Städte, der eigentliche Pöbel, die Unterwelt in jedem Sinne, die sich überall im bewußten Gegensatz zur großen und vornehmen Welt bildet und im Haß gegen sie vereinigt: politische und literarische Boheme, verkommener Adel wie Catilina und Philipp Egalité, der Herzog von Orleans, gescheiterte Akademiker, Abenteurer und Spekulanten, Verbrecher und Dirnen, Tagediebe, Schwachsinnige, untermischt mit ein paar traurigen Schwärmern für irgendwelche abstrakten Ideale. Ein verschwommenes Rachegefühl für irgendein Pech, das ihnen das Leben verdarb, die Abwesenheit aller Instinkte für Ehre und Pflicht und ein hemmungsloser Durst nach Geld ohne Arbeit und

Rechten ohne Pflichten führen sie zusammen. Aus diesem Dunstkreis gehen die Tageshelden aller Pöbelbewegungen und radikalen Parteien hervor. Hier erhält das Wort Freiheit den blutigen Sinn sinkender Zeiten. Die Freiheit von allen Bindungen der Kultur ist gemeint, von jeder Art von Sitte und Form, von allen Menschen, deren Lebenshaltung sie in dumpfer Wut als überlegen empfinden. Stolz und still getragene Armut, schweigende Pflichterfüllung, Entsagung im Dienst einer Aufgabe oder Überzeugung, Größe im Tragen eines Schicksals, Treue, Ehre, Verantwortung, Leistung, alles das ist ein steter Vorwurf für die „Erniedrigten und Beleidigten".

Denn, es sei noch einmal gesagt, der Gegensatz von vornehm ist nicht arm, sondern gemein. Das niedrige Denken und Empfinden dieser Unterwelt bedient sich der entwurzelten, in all ihren Instinkten unsicher gewordenen Masse der großen Städte, um seine eigenen Ziele und Genüsse der Rache und Zerstörung zu erreichen. Deshalb wird dieser ratlosen Menge ein „Klassenbewußtsein" und „Klassenhaß" durch ununterbrochenes Reden und Schreiben eingeimpft, deshalb werden ihr die führenden Schichten, die „Reichen", die „Mächtigen", in gerader Umkehrung ihrer wirklichen Bedeutung als Verbrecher und Ausbeuter gezeichnet, und endlich bietet man sich ihr als Retter und Führer an. Alle „Volksrechte", die oben aus krankem Gewissen und haltlosem Denken rationalistisch beschwatzt wurden, werden nun als selbstverständlich von unten, von den „Enterbten" gefordert, niemals für das Volk, denn sie sind immer denen gegeben worden, die gar nicht daran gedacht hatten sie zu verlangen und die damit nichts anzufangen wußten. Sie sollten das auch gar nicht, denn diese Rechte waren nicht für das „Volk" bestimmt, sondern für die Hefe der sich selbst ernennenden „Volksvertreter", aus der sich nun ein radikaler Parteiklüngel bildet, der den Kampf gegen die gestaltenden Mächte der Kultur als Gewerbe betreibt und die Masse durch das Wahlrecht, die Pressefreiheit und den Terror entmündigt.

So entsteht der Nihilismus, der abgründige Haß des Proleten gegen die überlegene Form jeder Art, gegen die Kultur als deren Inbegriff, gegen die Gesellschaft als deren Träger und geschichtliches Ergebnis. Daß jemand Form hat, sie beherrscht, sich in ihr wohl fühlt, während der gemeine Mensch sie als Fessel empfindet, in der er sich nie frei bewegen wird, daß Takt, Geschmack, Sinn für Tradition Dinge sind, die zum Erbgut hoher Kultur gehören und Erziehung voraussetzen, daß es Kreise gibt, in denen Pflichtgefühl und Entsagung nicht lächerlich sind, sondern auszeichnen, das erfüllt ihn mit einer dumpfen Wut, die in früheren Zeiten sich in die Winkel verkroch und dort nach Art des Thersites geiferte, heute aber breit und gemein als Weltanschauung über allen weißen Völkern liegt. Denn die Zeit selbst ist gemein geworden und die meisten wissen gar nicht, in welchem Grade sie selbst es sind. Die schlechten Manieren aller Parlamente, die allgemeine Neigung, ein nicht sehr sauberes Geschäft mitzumachen, wenn es Geld ohne Arbeit verspricht, Jazz und Niggertänze als seelischer Ausdruck aller Kreise, die Dirnenbemalung der Frauen, die Sucht von Literaten, in Romanen und Theaterstücken die strengen Anschauungen der vornehmen Gesellschaft unter allgemeinem Beifall lächerlich zu machen, und der schlechte Geschmack bis in den hohen Adel und alte Fürstenhäuser hinein, sich jedes gesellschaftlichen Zwanges und jeder alten Sitte zu entledigen, beweisen, daß der Pöbel tonangebend geworden ist. Aber während man hier über die vornehme Form und die alte Sitte lächelt, weil man sie nicht mehr als Imperativ in sich trägt, und ohne zu ahnen, daß es sich hier um Sein oder Nichtsein handelt, entfesseln sie dort den Haß, der Vernichtung will, den Neid auf alles, was nicht jedem zugänglich ist, was emporragt und endlich hinunter soll. Nicht nur Tradition und Sitte, sondern jede Art von verfeinerter Kultur, Schönheit, Grazie, der Geschmack sich zu kleiden, die Sicherheit der Umgangsformen, die gewählte Sprache, die beherrschte Haltung des Körpers, die Erziehung und Selbstzucht verrät, reizen das gemeine Empfinden bis aufs Blut. Ein vornehm gebildetes Gesicht, ein schmaler Fuß, der sich leicht und zierlich vom Pflaster hebt, widersprechen aller Demokratie. Das *otium cum dignitate* statt des Spektakels von Boxkämpfen und Sechstagerennen, die Kennerschaft für edle Kunst und alte Dichtung, selbst die Freude an einem gepflegten Garten mit schönen Blumen und seltenen Obstarten ruft zum Verbrennen, Zerschlagen, Zertrampeln auf. Die Kultur ist in ihrer Überlegenheit der Feind. Weil man ihre Schöpfungen nicht verstehen, sie sich innerlich nicht aneignen kann, weil sie nicht „für alle“ da sind, müssen sie vernichtet werden.

Und das ist die Tendenz des Nihilismus: Man denkt nicht daran, die Masse zur Höhe echter Kultur zu erziehen; das ist anstrengend und unbequem und vielleicht fehlt es auch an gewissen Voraussetzungen. Im Gegenteil: Der Bau der Gesellschaft soll eingeebnet werden bis herab auf das Niveau des Pöbels. Die allgemeine Gleichheit soll herrschen: alles soll gleich gemein sein. Die gleiche Art, sich Geld zu verschaffen und es für die gleiche Art von Vergnügen auszugeben: *panem et circenses* – mehr braucht man nicht und mehr versteht man nicht. Überlegenheit, Manieren, Geschmack, jede Art von innerem Rang sind Verbrechen. Ethische, religiöse, nationale Ideen, die Ehe um der Kinder willen, die Familie, die Staatshoheit sind altmodisch und reaktionär. Das Straßenbild von Moskau zeigt das Ziel, aber man täusche sich nicht: Es ist nicht der Geist von Moskau, der hier gesiegt hat. Der Bolschewismus ist in Westeuropa zu Hause, und zwar, seit die englisch-materialistische Weltauffassung der Kreise, in denen Voltaire und Rousseau als gelehrige Schüler verkehrten, im Jakobinismus des Kontinents einen wirksamen Ausdruck gefunden hatte. Die Demokratie des 19. Jahrhunderts ist bereits Bolschewismus; sie besaß nur noch nicht den Mut zu ihren letzten Folgerungen. Es ist nur ein Schritt vom Bastillesturm und der die allgemeine Gleichheit fördernden Guillotine zu den Idealen und Straßenkämpfen von 1848, dem Jahr des kommunistischen Manifests, und ein zweiter von dort bis zum Sturz des westlich gestalteten Zarentums. Der Bolschewismus droht uns nicht, sondern er beherrscht uns. Seine Gleichheit ist die Gleichsetzung des Volkes mit dem Pöbel, seine Freiheit ist die Befreiung von der Kultur und ihrer Gesellschaft.

12

Zu einer hohen Kultur gehört endlich noch etwas, und zwar mit Notwendigkeit, was gemeine Naturen in Delirien von Neid und Haß ausbrechen läßt: Der Besitz im ursprünglichen Sinne, der alte und dauerhafte Besitz, der von den Vätern her ererbt oder in Jahrzehnten strenger und entsagungsvoller eigener Arbeit herangewachsen ist und für Söhne und Enkel gepflegt und vermehrt wird. Reichtum ist nicht nur eine Voraussetzung, sondern vor allem die Folge und der Ausdruck von Überlegenheit, und nicht nur durch die Art, wie er erworben wurde, sondern auch durch die Fähigkeit, ihn als Element echter Kultur zu gestalten und zu verwenden. Es muß endlich einmal offen gesagt werden, obwohl es der Gemeinheit dieser Zeit ins Gesicht schlägt: Besitzen ist kein Laster, sondern eine Begabung, deren die wenigsten fähig sind. Auch sie ist das Ergebnis einer langen Zucht durch gehobene Geschlechter hin, zuweilen, bei den Gründern aufsteigender Familien, durch Selbsterziehung auf der Grundlage starker Rasseeigenschaften erworben, beinahe nie durch urwüchsige Genialität allein vorhanden, ohne alle Voraussetzungen von erziehender Umgebung und vorbildlicher Vergangenheit. Es kommt nicht darauf an, wieviel, sondern was und in welcher Weise man es hat. Bloße Quantität als Selbstzweck ist gemein. Man kann Besitz als Mittel zur Macht wollen und haben. Das ist die Unterordnung von wirtschaftlichen Erfolgen unter politische Ziele und bestätigt die alte Erfahrung, daß zum Kriegführen und zum Lenken von Staaten Geld gehört. So hat es Cäsar aufgefaßt, als er Gallien eroberte und plünderte, und in unseren Tagen Cecil Rhodes, als er die südafrikanischen Minen in seine Hand brachte, um hier ein Reich nach seinem persönlichen Geschmack zu gründen. Kein armes Volk kann große politische Erfolge haben, und wenn es Armut für Tugend und Reichtum für Sünde hält, so verdient es auch keine. Besitz ist eine Waffe. Das war auch der letzte, kaum ganz bewußte Sinn germanischer See- und Landfahrten: Mit den erbeuteten Schätzen baute man Schiffe und warb ein Gefolge. Eine königliche Freigebigkeit kennzeichnet diese Art des Willens zur Macht. Sie ist das Gegenteil von Habgier und Geiz wie von parvenühafter Verschwendung und von weibischer Nächstenliebe. Aber davon ist hier nicht die Rede. Ich spreche vom Besitzen, insofern es die Tradition einer Kultur in sich hat. Es bedeutet innere Überlegenheit; es zeichnet vor ganzen Klassen von Menschen aus. Es gehört nicht viel dazu: Ein kleiner gut gehaltener Bauernhof, ein tüchtiges Handwerk von gutem Ruf, ein winziger Garten, dem man die Liebe ansieht, mit der er gepflegt wird, das saubere Haus eines Bergmannes, ein paar Bücher oder Nachbildungen alter Kunst. Worauf es ankommt ist, daß man diese Dinge in eine persönliche Welt verwandelt, mit seiner Persönlichkeit durchdringt. Echter Besitz ist Seele und erst insofern echte Kultur. Ihn auf seinen Geldwert hin abzuschätzen ist irgendwie ein Mißverständnis oder eine Entweihung. Ihn nach dem Tode des Besitzers zu teilen ist eine Art Mord. Das war die germanische Auffassung vom Erbe: Es war der Idee nach eine unauflösliche Einheit, von der Seele des Verstorbenen durchdrungen, der es verwaltet hatte; es war keine teilbare Summe. Aber wer versteht das? Wer hat heute noch Augen und Gefühl für den innerlichen, beinahe metaphysischen Unterschied von Gut und Geld? Echte Güter sind etwas, mit dem man innerlich verwachsen ist, wie ein germanischer Krieger mit seinen Waffen, die er als Eigentum mit ins Grab nimmt, wie ein Bauer mit seinem Hof, auf dem schon die Väter gearbeitet haben, ein Kaufmann alten Schlages mit der Firma, die den Namen der Familie trägt, ein echter Handwerker mit seiner Werkstatt und seinem Beruf: etwas, dessen Wert für den Besitzer nicht in Geld auszudrücken ist, sondern in einer Verbundenheit besteht, deren Zerstörung ans Leben greift. Deshalb ist wirklicher „Besitz“ im tieferen Sinne immer unbeweglich. Er haftet am Besitzer. Er besteht aus Dingen und ist nicht in ihnen „angelegt“ wie die bloßen Vermögen, die nur quantitativ zu bestimmen und ganz eigentlich heimatlos sind. Deshalb streben aufsteigende Familien immer nach Grundbesitz als der Urform des unbeweglichen Gutes, und sinkende suchen ihn in Bargeld zu verwandeln. Auch darin liegt der Unterschied von Kultur und Zivilisation.

„Geld“ aber ist ein Abstraktum, eine reine Wertmenge im Sinne des Marktes, die nur mathematisch an irgendeiner Währung gemessen werden kann. Die Möglichkeit, über Nacht dazu zu kommen, vom Glücksspiel und Einbruchsdiebstahl bis zu Geschäften mit Politik und zur Börsenspekulation mit Summen, die man gar nicht hat, und andererseits es jederzeit hinauswerfen zu können, ist sein einziger Reiz. Darin sind Proleten und Parvenüs einig, und auch darin besteht eine innere Verwandtschaft zwischen Bolschewismus und Amerikanismus. Was ein zu Geld gekommener radikaler Parteiführer oder Spekulant „hat“, soll gezeigt werden. Die Schlösser reichgewordener Jakobiner, geriebener Finanzleute seit den französischen Steuerpächtern des 18. Jahrhunderts und nordamerikanischer Millionäre reden eine deutliche Sprache, und ebenso war es im alten Rom, wo Martial, Juvenal, Petronius über diese Zurschaustellung zu schnell erworbener Geldmassen spotteten. Natürlich gibt man alles für sich selbst aus, auch wenn man etwas stiftet, vergeudet oder andern gönnerhaft in die Tasche steckt: aber der Zuschauer ist das Wesentliche. Die ganze Welt soll es wissen, sonst hat es keinen Sinn. Man genießt das Geldausgeben als solches. Man will den Mäzen spielen, weil man davon gehört hat, aber man bringt es nur zu dem, was man in München eine Wurzen nennt, zum gönnerhaften Protzen, zu einer Kopie des römischen Trimalchio. Man füllt sein Haus mit Dingen, von denen man nichts versteht und an denen nur der Preis wichtig ist. Der gesamte Kunsthandel lebt heute wie zur Zeit Cäsars davon. Aber die sinnlosesten „Verschwender“ und „Prasser“ sind trotzdem in den Kaschemmen zu finden, wo unsaubere Gewinne und Parteigehälter vertrunken und verspielt werden, nicht in den Bürgerhäusern alter Patriziate und auf den Landgütern alter Familien. Aber weil man die Kultur, die Tradition des Genießens, die aus wenigem viel zu machen versteht, nicht hat und nicht mit Geld erwerben kann, so frißt trotz alledem der Neid auf diese Art von Überlegenheit an allen Menschen von gemeiner Natur. Es muß immer wieder gesagt werden, gerade heute, wo in Deutschland „nationale“ Revolutionäre von den Idealen allgemeiner Armut und Armseligkeit schwärmen wie ein Bettelmönch, im schönen Einverständnis mit den Marxisten den Reichtum jeder Art für ein Verbrechen und Laster erklären und gegen alles zu Felde ziehen, was diese Überlegenheit in Dingen von hoher Kunst hat, was durch Fähigkeit des Erwerbens, Erhaltens und Verwendens von Besitz andere überragt – und zwar aus Neid auf diese Fähigkeiten, die ihnen selbst gänzlich fehlen: Hohe Kultur ist mit Luxus und Reichtum untrennbar verbunden. Luxus, das selbstverständliche Sichbewegen unter Dingen von Kultur, die seelisch zur Persönlichkeit gehören, ist die Voraussetzung aller schöpferischen Zeiten zum Beispiel für das Entstehen einer großen Kunst, die es heute auch darum nicht mehr gibt, weil seit dem vorigen Jahrhundert das wirkliche Kunstleben erloschen ist, das sich stets in der Gesellschaft abgespielt hat, zwischen Kennern und Schöpfern bedeutender Werke und nicht zwischen Kunsthändlern, Kunstkritikern und Snobs, dem „Volk" oder gar dem „Publikum". Und Reichtum, der sich in wenigen Händen und in führenden Schichten sammelt, ist unter anderem die Voraussetzung für die Erziehung von Generationen führender Köpfe durch das Vorbild einer hochentwickelten Umgebung, ohne die es kein gesundes Wirtschaftsleben und keine Entwicklung politischer Fähigkeiten gibt. Ein Erfinder kann arm sein, aber in einem bettelhaften Volk kommt seine Begabung nicht durch große Aufgaben zur Reife und oft nicht einmal zum Bewußtsein ihrer selbst. Und nicht anders steht es mit staatsmännischen und künstlerischen Anlagen. Deshalb wurden die Deutschen seit 1648 das weltfremde Volk der Theoretiker, Dichter und Musiker, denn allein dazu braucht man kein Geld. Sie verwechselten, und verwechseln heute noch, romantische Einbildungen mit wirklicher Politik, denn das kostet nichts außer den Erfolg. Aber Reichtum ist ein relativer Begriff. Was in England um 1770 geringen Wohlstand bedeutete, war in Preußen sehr reich. Und ebenso Armut: Der preußische Adel war in seiner guten Zeit arm und deshalb im Gegensatz zum englischen arm an staatsmännischen Begabungen, die zu ihrer Ausbildung, von seltenen Ausnahmen abgesehen, das Leben in der großen Welt voraussetzen; er war arm, aber er empfand das nicht als Armut. Der Mangel an bedeutendem Besitz oder Einkommen ist kein Unglück oder Elend, so wenig ihr Vorhandensein Glück im alltäglichen Sinne bedeutet. Nicht die Tatsache, erst ein gewisses Denken über sie, die Empfindung von Unterschieden als Gegensätze, der Neid macht ihn dazu. Damit man sich elend fühle, muß einem das bescheidene Dasein erst verekelt werden, und das ist die Aufgabe der Demagogen aller Zeiten gewesen. Im Nürnberg Albrecht Dürers etwa freute sich der einfache Mann ohne Neid über die Pracht der höheren Stände. Etwas von dem Glanz der Vaterstadt fiel auch auf ihn und er bedachte, daß seine Lebenshaltung davon abhing und daß er sich in der der anderen niemals glücklich fühlen würde. Gerade der unverbildete Verstand von Bauernknechten und Handwerkern ist sich bewußt, daß Besitz vor allem Verantwortung, Sorge und Arbeit bedeutet. Aber seit dem 18. Jahrhundert, seit der Heraufkunft des rationalistischen Denkens über Leben, Geschichte und Menschenschicksal ist der Neid planmäßig gezüchtet worden, der dem fleißigen und tüchtigen Arbeiter von Natur ganz fernliegt, und zwar von der Unterwelt der demokratischen Berufspolitiker und Schreiber des Tages wie Rousseau, die daran verdienten oder ihren kranken Gefühlen Genüge taten. Die Gier nach dem Eigentum der andern, das als Diebstahl gezeichnet wird, ohne daß man die damit verbundene Arbeit und Begabung achtet oder beachtet, wird zur Weltanschauung ausgebildet und hat eine entsprechende Politik von unten zur Folge.

Und erst damit beginnt die Revolution der Gesellschaft eine wirtschaftliche Tendenz zu erhalten, die in agitatorischen Theorien zum Ausdruck kommt, nicht in bezug auf Organisation und Ziele der Wirtschaft, sondern im Hinblick auf den Geldwert ihrer Anlagen und Erträge. Es werden Gegensätze zwischen reich und arm geschaffen, um zwischen ihnen den Kampf zu eröffnen. Man will „alles" haben, was da ist, was sich zu Geld machen läßt, durch Verteilung oder Gemeinbesitz, und zerstören, was man nicht haben kann, damit es die anderen nicht weiterbesitzen. Aus diesem Fühlen und Denken nicht der unteren Gesellschaftsschichten, sondern von deren sich selbst ernennenden Wortführern ist alles entstanden, was in der Antike gleiche Verteilung der Güter und was heute Klassenkampf und Sozialismus heißt. Es ist der Kampf zwischen unten und oben in der Gesellschaft, der geführt wird zwischen den Führern der Nationen und den Führern aus der Unterwelt, denen die Klassen der Handarbeiter nur Objekte und Mittel zu eigenen Zwecken sind, und in welchem die altgewordene Gesellschaft nur eine schwächliche Verteidigung, ihre geborenen Feinde aber einen schonungslosen Angriff führen, bis der heraufkommende Cäsarismus der Diktatur des Proletariats, den gracchischen und catilinarischen Tendenzen ein Ende bereitet.

13

Damit sind die Voraussetzungen gewonnen, um die „weiße" Revolution in ihrem vollen Umfang, ihren Zielen, ihrer Dauer und ihrer logischen Entwicklung zu zeichnen, was bisher niemand gewagt hat und was vielleicht auch nicht möglich war, bevor sie mit den Folgen des ersten Weltkrieges in die entscheidenden Jahrzehnte trat. Die Skepsis, die Voraussetzung des historischen Blicks, des Untersichsehens der Geschichte – wie die Menschenverachtung die notwendige Voraussetzung tiefer Menschenkenntnis ist – steht nicht am Anfang der Dinge.

Diese Revolution beginnt nicht mit dem materialistischen Sozialismus des 19. Jahrhunderts und noch viel weniger mit dem Bolschewismus von 1917. Sie ist seit der Mitte des 18. Jahrhunderts „in Permanenz“, um eine ihrer geläufigen Phrasen zu gebrauchen. Damals begann die rationalistische Kritik, die sich stolz Philosophie der Aufklärung nannte, ihre zerstörende Tätigkeit von den theologischen Systemen des Christentums und der überlieferten Weltanschauung der Gebildeten, die nichts war als Theologie ohne den Willen zum System, den Tatsachen der Wirklichkeit, dem Staat, der Gesellschaft, zuletzt den gewachsenen Formen der Wirtschaft zuzuwenden. Sie begann die Begriffe Volk, Recht und Regierung ihres geschichtlichen Gehaltes zu entleeren und gestaltete den Unterschied von Reich und Arm ganz materialistisch zu einem moralischen Gegensatz, der mehr agitatorisch behauptet als ehrlich geglaubt wurde. Hierher gehört die Nationalökonomie, die als materialistische Wissenschaft um 1770 von A. Smith im Kreise von Hartley, Priestley, Mandeville und Bentham begründet wurde und die sich anmaßte, die Menschen als Zubehör zur wirtschaftlichen Lage zu betrachten und die Geschichte von den Begriffen Preis, Markt und Ware aus zu „erklären“. Von ihm stammt die Auffassung der Arbeit nicht als Lebensinhalt und Beruf, sondern als Ware, mit welcher der Arbeitende Handel treibt. Alle die Geschichte gestaltenden Leidenschaften und schöpferischen Züge starker Persönlichkeiten und Rassen sind vergessen, der auf Befehlen und Herrschen, auf Macht und Beute gerichtete Wille, der Erfinderdrang, der Haß, die Rache, der Stolz auf eigene Kraft und deren Erfolge und auf der anderen Seite der Neid, die Faulheit, die giftigen Gefühle der Minderwertigen. Es bleiben nur die „Gesetze“ des Geldes und Preises, die in Statistiken und graphischen Kurven ihren Ausdruck finden.

Daneben beginnt der Flagellantismus der sinkenden, allzu geistreich gewordenen Gesellschaft, die zu ihrer eigenen Verhöhnung Beifall klatscht: „Figaros Hochzeit“ des Herrn „ *de* “ Beaumarchais, die dem königlichen Verbot zum Trotz im Schlosse Gennevilliers vor dem grinsenden Hofadel aufgeführt wurde, die Romane des Herrn „ *de* “ Voltaire, die von London bis Petersburg in den höchsten Kreisen verschlungen worden sind, die Zeichnungen Hogarths, Gullivers Reisen und Schillers „Räuber“ und „Kabale und Liebe“, die einzigen genialen Werke revolutionärer Dichtung, die es gibt, beweisen das durch ihr Publikum, das durchaus nicht den unteren Schichten angehörte. Was in den „durchgeistigten“ Kreisen der hohen Gesellschaft selbst geschrieben wurde, die Briefe des Lord Chesterfield, die Maximen des Herzogs von Larochefoucauld, das

Système de la nature des Barons Holbach, war außerhalb derselben schon infolge der geistreichen Diktion unverständlich, ganz abgesehen davon, daß Lesen und Schreiben nicht einmal in den mittleren Schichten allgemein verbreitet waren.

Um so besser verstanden die Berufsdemagogen der städtischen Unterwelt, die nichts gelernt hatten als Reden halten und Pamphlete schreiben, daß sich aus diesen Schriften vortreffliche Schlagworte für die Agitation unter der Masse gewinnen ließen. In England begannen die Unruhen 1762 mit dem Fall Wilkes', der wegen Beleidigung der Regierung durch die Presse verurteilt und daraufhin immer wieder ins Unterhaus gewählt wurde. In Versammlungen und bei planmäßigen Krawallen (riots) war „Wilkes und Freiheit" der Ruf, mit dem Preßfreiheit, allgemeines Wahlrecht, sogar die Republik gefordert wurden. Damals hat Marat sein erstes Pamphlet: „The chains of slavery" in England und für Engländer geschrieben (1774). Der Abfall der amerikanischen Kolonien (1776), ihre Erklärung der allgemeinen Menschenrechte und der Republik, ihre Freiheitsbäume und Tugendbündler sind letzten Endes von englischen Bewegungen dieser Jahre ausgegangen. Von 1779 an entstehen die Klubs und geheimen Gesellschaften, die das ganze Land durchsetzten, eine Revolution anstrebten und seit 1790, die Minister Fox und Sheridan an der Spitze, dem Konvent und den Jakobinern Glückwunschadressen, Briefe und Ratschläge sandten. Wäre die herrschende englische Plutokratie nicht sehr viel energischer gewesen als der feige Hof von Versailles, so wäre die Revolution in London noch früher ausgebrochen als in Paris. Die Pariser Klubs, vor allem die Feuillants und Jakobiner, sind einschließlich ihrer Programme, ihrer Verzweigung über ganz Frankreich und der Form ihrer Agitation nichts als Kopien der englischen, und diese wieder haben das französische *citoyen* als Anrede ihrer Mitglieder durch *citizen* und das neugebildete *citizeness* übersetzt und die Phrase Freiheit, Gleichheit, Brüderlichkeit wie die Bezeichnung der Könige als Tyrannen übernommen. Seitdem und heute noch ist das die Form der Vorbereitung von Revolutionen geblieben. Damals entstand das „allgemeine" Verlangen nach Preß- und Versammlungsfreiheit als Mittel dafür, die Kernforderung des politischen Liberalismus, des Freiseinwollens von den ethischen Bindungen alter Kultur, ein Verlangen, das nichts weniger als allgemein war, sondern von den Schreiern und Schreibern so bezeichnet wurde, die davon leben und die privaten Zwecke dieser Freiheit erreichen wollten. Die alte Gesellschaft aber, vom *esprit* besessen, die „Gebildeten", die Spießbürger des 19. Jahrhunderts, die Opfer dieser Freiheit also, erhoben sie zu einem Ideal, das jeder Kritik seiner

Hintergründe entzogen blieb. Heute, wo wir nicht nur die Hoffnungen des 18., sondern auch die Folgen des 20. Jahrhunderts vor uns sehen, läßt sich endlich darüber reden. Freiheit wovon, wofür? Wer bezahlte die Presse und die Agitation? Wer verdiente daran? Diese Freiheiten haben sich überall als das herausgestellt, was sie sind: Mittel des Nihilismus zur Einebnung der Gesellschaft, Mittel der Unterwelt, um der Masse der großen Städte diejenige Meinung einzuimpfen eine eigene hat sie nicht –, die für diesen Zweck die erfolgversprechendste ist. Deshalb werden diese Freiheiten – auch das allgemeine Wahlrecht gehört dazu – in dem Augenblick wieder bekämpft, beseitigt und in ihr Gegenteil verkehrt, wo sie ihren Zweck erfüllt und ihren Nutznießern die Gewalt in die Hände gegeben haben, im jakobinischen Frankreich von 1793, im bolschewistischen Rußland und in der Gewerkschaftsrepublik Deutschland seit 1918. Wann gab es hier mehr Zeitungsverbote, 1820 oder 1920? Freiheit war immer die Freiheit derjenigen, welche die Macht erobern, nicht beseitigen wollten.

Dieser aktive Liberalismus schreitet folgerichtig vom Jakobinismus zum Bolschewismus fort. Das ist kein Gegensatz des Denkens und Wollens. Es ist die Früh- und die Spätform, Anfang und Ende einer einheitlichen Bewegung. Und zwar beginnt sie um 1770 mit sentimentalen „sozialpolitischen" Tendenzen: der Bau der Gesellschaft nach Stand und Rang soll zerstört werden; man will zur „Natur", zur gleichförmigen Horde zurück. An Stelle des Standes soll das treten, was nicht von Stand ist, Geld und Geist, Kontor und Katheder, die Rechner und Schreiber, an Stelle des formvollen Lebens das Leben ohne Form, ohne Manieren, ohne Pflichten, ohne Distanz. Erst um 1840 geht diese sozialpolitische Tendenz in eine „wirtschaftspolitische" über. Statt gegen den Vornehmen wendet man sich gegen den Besitzenden, vom Bauern bis zum Unternehmer. Nicht mehr Gleichheit der Rechte wird den Anhängern der Bewegung versprochen, sondern das Vorrecht der Besitzlosen, nicht mehr Freiheit für alle, sondern die Diktatur des großstädtischen Proletariats, der „Arbeiterschaft". Aber das ist kein Unterschied der Weltanschauung – die war und blieb materialistisch und utilitaristisch –, sondern einzig und allein der revolutionären Methode: Die berufsmäßige Demagogie mobilisiert einen anderen Teil der Völker für den Klassenkampf. Zuerst, um 1770, hatte man sich zögernd an die Bauern und Handwerker gewandt, in England wie in Frankreich. Die Cahiers der ländlichen und kleinstädtischen Abgeordneten von 1789, welche den „Aufschrei der Nation" darstellen sollten, waren von berufsmäßigen

Schreiern verfaßt und von den Wählern zum großen Teil gar nicht begriffen worden. Diese Schichten hatten zuviel wurzelhafte Tradition, um als Mittel und Waffe unbedingt brauchbar zu sein. Ohne den Pöbel der östlichen Vororte wäre die Herrschaft des Terrors in Paris nicht möglich gewesen. Man brauchte die stets gegenwärtigen Fäuste der großen Stadt. Es ist nicht wahr, daß es sich damals um „wirtschaftliche" Nöte gehandelt hätte. Steuern und Zölle waren Hoheitsrechte. Das allgemeine Wahlrecht sollte ein Schlag gegen die Gesellschaftsordnung sein. Daher der Mißerfolg des Konvents: Bauerntum und Handwerk waren für Berufsdemagogen keine zuverlässige Gefolgschaft. Sie besaßen angeborenes Distanzgefühl. Sie hatten zuviel Instinkt und zuwenig städtische Intelligenz. Sie waren fleißig und hatten etwas gelernt; außerdem wollten sie den Hof oder die Werkstatt den Söhnen hinterlassen: Programme und Schlagworte wirkten hier nicht auf die Dauer.

Erst um 1840 fand die sich gleichförmig fortentwickelnde schreibende und redende Demagogie Westeuropas ein besseres Mittel für ihre Zwecke: die entwurzelte Masse, die sich auf der nordeuropäischen Kohle ansammelte, den Typus des Industriearbeiters. Man muß sich endlich über eine Tatsache klar werden, die im Nebel der parteipolitischen Kämpfe gründlich verborgen geblieben ist: Nicht das "wirtschaftliche Elend", das der „Kapitalismus" über das „Proletariat" gebracht hat, führte zur Entstehung des Sozialismus, sondern die Berufsagitation hat diese „zielbewußte" Anschauung der Dinge geschaffen, wie sie vor 1789 das vollkommen falsche Bild des verelendeten Bauernstandes zeichnete und zwar lediglich deshalb, weil sie hier eine bedingungslose Gefolgschaft zu werben hoffte. Und das gebildete und halbgebildete Bürgertum hat daran geglaubt und tut es heute noch. Das Wort „Arbeiter" wurde seit 1848 mit einem Heiligenschein umgeben, ohne daß man über seinen Sinn und die Grenzen seiner Anwendung nachdachte. Und die „Arbeiterklasse", die es in der wirtschaftlichen Struktur keines einzigen Volkes gibt – denn was haben der Bergmann, der Matrose, der Schneidergeselle, der Metallarbeiter, Kellner, Bankbeamte, Ackerknecht und Straßenkehrer miteinander zu tun? –, wird zu einer politischen Wirklichkeit, zu einer angreifenden Partei, die alle weißen Völker in zwei Fronten gespalten hat, von denen die eine ein Heer von Parteifunktionären, Massenrednern, Zeitungsschreibern und „Volksvertretern" ernähren und mit ihrem Blut für deren private Ziele einstehen muß. Das ist der Zweck ihres Daseins. Der Gegensatz von Kapitalismus und Sozialismus – Worte, um deren Definition sich seitdem eine ungeheure Literatur vergebens bemüht hat, denn man definiert Schlagworte nicht – ist nicht aus irgendeiner Wirklichkeit abgeleitet, sondern lediglich eine aufreizende Konstruktion. Marx hat sie in die Verhältnisse der englischen Maschinenindustrie hineingetragen, nicht herausgelesen, und selbst das war nur möglich, wenn er vom Vorhandensein aller Menschen absah, die mit Landwirtschaft, Handel, Verkehr und Verwaltung beschäftigt waren. Dies Bild der Zeit hat so wenig mit der Wirklichkeit und deren Menschen zu tun, daß sich sogar theoretisch der Süden vom Norden getrennt hat: die Grenze liegt etwa auf der Linie Lyon-Mailand. Im romanischen Süden, wo man wenig zum Leben braucht und wenig arbeitet, wo es keine Kohle und deshalb keine Großindustrie gibt, wo man rassemäßig anders denkt und fühlt, entwickelten sich die anarchistischen und syndikalistischen Tendenzen, deren Wunschbild die Auflösung der großen Volksorganismen in staatlose, kleine, sich selbst genügende Gruppen, Beduinenschwärme des Nichtstuns ist. Im Norden aber, wo der strenge Winter die strengere Arbeit fordert und sie ebenso möglich wie notwendig macht, wo zum Kampf gegen den Hunger seit Urzeiten der gegen die Kälte tritt, entstehen aus dem germanischen, auf Organisation im Großen gerichteten Willen zur Macht die Systeme des autoritären Kommunismus mit dem Endziel einer proletarischen Diktatur über die ganze Welt. Und erst weil im Laufe des 19. Jahrhunderts die Kohlenfelder dieser nördlichen Länder eine Ansammlung von Menschen und von nationalem Reichtum von einer bis dahin unerhörten Größenordnung veranlaßt haben, hat auch die Demagogie in ihnen und über ihre Grenzen hinaus eine ganz andere Stoßkraft erhalten. Die hohen Löhne des englischen, deutschen und amerikanischen Fabrikarbeiters siegten, gerade weil sie nichts weniger als „Hungerlöhne“ waren, über die niedrigen der Landarbeiter im Süden, und erst infolge dieser „kapitalistischen“ Überlegenheit der Parteimittel hat der Marxismus über die Theorien von Fourier und Proudhon gesiegt. Das Bauerntum wird von ihnen allen nicht mehr beachtet. Es hat als Waffe für den Klassenkampf wenig Wert, schon weil es auf dem Straßenpflaster nicht jederzeit zur Verfügung steht und weil seine Traditionen von Besitz und Arbeit den Absichten der Theorie widersprechen, und es wird deshalb von den Schlagworten des kommunistischen Programms ignoriert. Bourgeoisie und Proletariat – das prägt sich ein, und je einfältiger man ist, desto weniger bemerkt man, was alles außerhalb dieses Schemas bleibt.

Jede Demagogie gestaltet ihr Programm nach dem Teil der Nation, auf dessen Mobilmachung sie für ihre Zwecke rechnet. In Rom war es von Flaminius bis auf

C. Gracchus die italische Bauernschaft, die Land haben wollte, um es zu bestellen. Daher die Aufteilung des gallischen Gebietes südlich vom Po durch den ersten und die Forderung der Aufteilung des *ager publicus* durch den andern. Aber Gracchus ging zugrunde, weil die Bauern, die in Masse zur Abstimmung nach Rom gewandert waren, der Ernte wegen wieder nach Hause mußten. Seitdem rechnete die Demagogie vom Schlage des Cinna und Catilina auf die Sklaven und vor allem statt auf die fleißigen Tagelöhner, wie es in den griechischen Städten seit Kleon geschehen war, auf den berufslosen Pöbel jeder Herkunft, der auf den Straßen Roms herumlungerte und gefüttert und unterhalten sein wollte: *panem et circenses!* Gerade weil man sich ein Jahrhundert lang um die Wette bemühte, diese Massen durch immer größeren Aufwand für sich zu gewinnen, sind sie zu einem Umfang angewachsen, der noch nach Cäsar eine ständige Gefahr für die Regierung des Weltreiches bildete. Je minderwertiger ein solches Gefolge, desto brauchbarer ist es. Und deshalb hat der Bolschewismus seit der Pariser Kommune von 1871 weit weniger auf den gelernten fleißigen und nüchternen Arbeiter zu wirken gesucht, der an seinen Beruf und seine Familie denkt, als auf das arbeitsscheue Gesindel der großen Städte, das in jedem Augenblick bereit ist zu plündern und zu morden. Deshalb haben in Deutschland von 1918 bis in die Jahre der großen Arbeitslosigkeit hinein die regierenden Gewerkschaftsparteien sich wohl gehütet, zwischen Arbeitslosen und Arbeitsscheuen einen gesetzlichen Unterschied entstehen zu lassen. Damals hat neben der Unterstützung angeblicher Arbeitslosigkeit ein Mangel an Arbeitern bestanden, vor allem auf dem Lande, und niemand wollte das ernstlich verhindern. Die Krankenkassen wurden von Tausenden mißbraucht, um der Arbeit aus dem Wege zu gehen. Die Arbeitslosigkeit ist in ihren Anfängen vom Marxismus geradezu gezüchtet worden. Der Begriff des Proletariers schließt die Freude an der Arbeit aus. Ein Arbeiter, der etwas kann und stolz auf seine Leistung ist, empfindet sich nicht als Proletarier. Er hindert die revolutionäre Bewegung. Er muß proletarisiert, demoralisiert werden, um für sie brauchbar zu sein. Das ist der eigentliche Bolschewismus, in dem diese Revolution ihren Höhepunkt, aber noch lange nicht ihren Abschluß findet.

Es kennzeichnet die Oberflächlichkeit des Denkens der gesamten „weißen" Welt, wenn dieser Bolschewismus als russische Schöpfung betrachtet wird, die Westeuropa zu erobern drohe. In Wirklichkeit ist er in Westeuropa entstanden, und zwar mit folgerichtiger Notwendigkeit als letzte Phase der liberalen Demokratie von 1770 und als letzter Triumph des politischen Rationalismus, das heißt der Anmaßung, die lebendige Geschichte durch papierne Systeme und Ideale meistern zu wollen. Sein erster Ausbruch großen Stils war nach den Junischlachten von 1848 die Pariser Kommune von 1871, die nahe daran war, ganz Frankreich zu erobern. Nur die Armee hat das verhindert – und die deutsche Politik, die diese Armee moralisch stützte. Damals, nicht 1917 in Rußland, sind aus den Tatsachen einer belagerten Hauptstadt heraus die Arbeiter- und Soldatenräte entstanden, die Marx, ein Tropf in praktischen Fragen, als mögliche Form einer kommunistischen Regierung seitdem empfohlen hat. Damals sind zuerst die massenhaften Abschlachtungen der Gegner durchgeführt worden, die Frankreich mehr Tote gekostet haben als der ganze Krieg gegen Deutschland. Damals herrschte in Wirklichkeit nicht die Arbeiterschaft, sondern das arbeitsscheue Gesindel, Deserteure, Verbrecher und Zuhälter, Literaten und Journalisten, darunter wie immer viele Ausländer, Polen, Juden, Italiener, selbst Deutsche. Aber es war eine spezifisch französische Form der Revolution. Von Marx war keine Rede, um so mehr von Proudhon, Fourier, den Jakobinern von 1792. Ein loser Bund der großen Städte, das heißt ihrer untersten Schichten, sollte das flache Land und die Kleinstädte unterwerfen und beherrschen – ein typischer Gedanke des romanischen Anarchismus. Etwas Ähnliches hatte schon 1411 der Fleischer Caboche mit dem militärisch organisierten Pöbel von Paris versucht. Das ist 1917 in Petersburg nur kopiert worden, mit einem gleichartigen „westlichen“ Pöbel und mit den gleichen Schlagworten. Die „asiatische“ Seite dieser russischen Revolution aber, die damals kaum in Erscheinung trat und der es auch heute noch nicht gelungen ist, die westlich-kommunistischen Formen der Sowjetherrschaft zu überwinden, hat ihren frühesten Ausdruck im Aufstand Pugatschews 1772-75 gefunden, der das ganze obere Wolgagebiet ergriff und zeitweise Moskau und damit den Zarismus bedrohte. Das religiös begeisterte Bauerntum, darunter ganze Kosakenstämme, tötete alles, was ihm von Vertretern des petrinischen, „europäisch“ geformten Rußland in die Hände fiel, Offiziere, Beamte, vor allem die Adligen der neuen Art. Man hätte es ebenso mit den Vertretern der Sowjetbürokratie gemacht, und ihre Nachkommen würden es heute gern und werden es morgen vielleicht wirklich tun. Der Haß gegen diese in fremden Systemen denkende Herrschaft, gegen den sich das Moskau dieser Tage immer weniger zu verteidigen vermag, ist sehr alt und geht bis zu den Aufständen der Strelitzen gegen Peter den Großen zurück. Demokraten und Sozialisten des Westens können ihn aus ihrem Denken heraus überhaupt nicht nachfühlen. Hier tritt der Gegensatz zutage zwischen dem wirklichen Bolschewismus, der im Untergrund aller „weißen“ Völker brütet und dem diese

Demokratie und dieser Sozialismus selbst angehören, und dem Haß, der sich in allen farbigen Bevölkerungen der Welt gegen die weiße Zivilisation als Gesamtheit, einschließlich ihrer revolutionären Strömungen, ansammelt.

Wie aber stellt sich die „Gesellschaft“ der westeuropäischen Zivilisation, die sich im heutigen England gern als Mittelklasse, auf dem Festland als Bürgertum bezeichnet – denn sie hat den Bauern ebenfalls vergessen –, seit 1770 und vor allem seit 1848 zur Tatsache dieser fortschreitenden Revolution von unten, die längst ihre liberale Vorstufe und deren von der politischen Aufklärung geforderte Freiheiten, die der Presse, Vereine, Versammlungen und des allgemeinen Wahlrechts, verachtet und verspottet, nachdem sie sie bis zu den äußersten Möglichkeiten der Zersetzung ausgenützt hat? Es ist ein Kapitel der Schmach, das hier dem künftigen Historiker zu erzählen bleibt. Aufgebaut auf den urmenschlichen Tatsachen von Herrschaft, Stand und Besitz, hat sie den nihilistischen Angriff darauf ertragen, „verstanden“, gefeiert, unterstützt. Dieser intellektuelle Selbstmord war die große Mode des vorigen Jahrhunderts.

Es muß immer wieder festgestellt werden: diese Gesellschaft, in der sich eben jetzt der Übergang von der Kultur zur Zivilisation vollzieht, ist krank, krank in ihren Instinkten und deshalb auch in ihrem Geist. Sie wehrt sich nicht. Sie findet Geschmack an ihrer Verhöhnung und Zersetzung. Sie zerfällt seit der Mitte des 18. Jahrhunderts immer mehr in liberale und erst im Widerspruch, in der verzweifelten Abwehr dagegen, in konservative Kreise. Auf der einen Seite gibt es eine kleine Zahl von Menschen, die aus sicherem Instinkt für die politische Wirklichkeit sehen, was vor sich geht und wohin es geht, die zu verhindern, zu mäßigen, abzuleiten versuchen, Persönlichkeiten nach Art des Scipionenkreises in Rom, aus dessen Anschauungen heraus Polybius sein Geschichtswerk geschrieben hat: Burke, Pitt, Wellington, Disraeli in England, Metternich und Hegel, später Bismarck in Deutschland, Tocqueville in Frankreich. Sie haben die erhaltenden Mächte der alten Kultur, den Staat, die Monarchie, das Heer, das Standesbewußtsein, den Besitz, das Bauerntum zu verteidigen versucht, selbst wo sie Einwände hatten, und werden deshalb als „reaktionär“ verschrien, ein Wort, das von den Liberalen erfunden worden ist und heute von ihren marxistischen Zöglingen auf sie selbst angewendet wird, seit sie die letzten Folgen ihrer Taten zu verhindern suchen: darin liegt der gepriesene Fortschritt. Auf der andern Seite befindet sich nahezu alles, was städtische Intelligenz besitzt oder sie zum mindesten als Zeichen zeitgemäßer Überlegenheit und als Macht der Zukunft bewundert – einer Zukunft, die heute schon Vergangenheit ist.

Hier wird der Journalismus zum herrschenden Ausdruck der Zeit erhoben. Es ist der kritische *esprit* des 18. Jahrhunderts, zum Gebrauch für geistig Mittelmäßige verdünnt und verflacht, und man vergesse nicht, daß das griechische *krinein* scheiden, zerlegen, zersetzen bedeutet. Drama, Lyrik, Philosophie, sogar Naturwissenschaft und Geschichtsschreibung werden Leitartikel und Feuilleton, mit einer maßlosen Tendenz gegen alles, was konservativ ist und einmal Ehrfurcht eingeflößt hat. Die Partei wird zum liberalen Ersatz für Stand und Staat, die Revolution in der Form periodischer Massenwahlkämpfe mit allen Mitteln des Geldes, des „Geistes" und selbst nach gracchischer Methode der körperlichen Gewalt zu einem verfassungsmäßigen Vorgang erhoben, das Regieren als Sinn und Aufgabe staatlichen Daseins entweder bekämpft und verhöhnt oder zu einem Parteigeschäft herabgewürdigt. Aber die Blindheit und Feigheit des Liberalismus geht weiter. Toleranz wird den zerstörenden Mächten der großstädtischen Hefe gewährt, nicht von ihnen gefordert. Mit widerlicher Sentimentalität werden russische Nihilisten und spanische Anarchisten von der „guten" Gesellschaft Westeuropas bewundert, gefeiert, von einem eleganten Salon an den anderen weitergegeben. In Paris und London, vor allem in der Schweiz wird nicht nur ihr Dasein, sondern auch ihre untergrabende Tätigkeit sorgfältig geschützt. Die liberale Presse hallt wider von Verwünschungen der Gefängnisse, in denen die Märtyrer der Freiheit schmachten, und kein Wort fällt zugunsten der zahllosen Verteidiger der staatlichen Ordnung bis zum einfachen Soldaten und Polizisten herab, die in Ausübung ihrer Pflicht in die Luft gesprengt, zu Krüppeln geschossen, abgeschlachtet worden sind.

Der Begriff des Proletariats, von sozialistischen Theoretikern mit wohlüberlegter Absicht geschaffen, wird vom Bürgertum akzeptiert. Er hat mit den tausend Arten strenger und sachkundiger Arbeit – vom Fischfang bis zum Buchdruck, vom Baumfällen bis zum Führen einer Lokomotive – in Wirklichkeit gar nichts zu tun, wird von fleißigen und gelernten Arbeitern verachtet und als Schimpf empfunden und sollte lediglich dazu dienen, diese dem großstädtischen Pöbel zum Zweck des Umsturzes der gesellschaftlichen Ordnung einzugliedern. Erst der Liberalismus, indem er ihn als feststehenden Begriff verwendete, hat ihn zum Mittelpunkt des allgemeinen politischen Denkens gemacht. Unter dem Namen Naturalismus entstand eine armselige Literatur und Malerei, welche den Schmutz zum ästhetischen Reiz und das gemeine Fühlen und Denken gemeiner Menschen zur bindenden

Weltanschauung erhob. Unter „Volk“ verstand man nicht mehr die gesamte Nation, sondern den Teil der städtischen Masse, der sich gegen diese Gemeinschaft auflehnte. Der Proletarier erschien als Held auf der Bühne des fortschrittlichen Spießbürgertums, und mit ihm die Dirne, der Arbeitsscheue, der Hetzer, der Verbrecher. Es gilt von nun an als modern und überlegen, die Welt von unten zu sehen, aus der Perspektive von Winkelkneipen und verrufenen Gassen. Damals, in liberalen Kreisen Westeuropas und nicht 1918 in Rußland, ist der „Proletkult“ entstanden. Eine folgenschwere Einbildung, halb Lüge, halb Dummheit, beginnt sich der Köpfe von Gebildeten und Halbgebildeten zu bemächtigen: „Der Arbeiter“ wird der eigentliche Mensch, das eigentliche Volk, der Sinn und das Ziel der Geschichte, der Politik, der öffentlichen Sorge. Daß alle Menschen arbeiten, daß vor allem andere mehr und wichtigere Arbeit leisten, der Erfinder, der Ingenieur, der Organisator, ist vergessen. Niemand wagt es mehr, den Rang, die Qualität einer Leistung als Maßstab ihres Wertes zu betonen. Nur die nach Stunden gemessene Zeit gilt noch als Arbeit. Und „der Arbeiter“ ist zugleich der Arme und Unglückliche, der Enterbte, Hungernde, Ausgebeutete. Auf ihn allein werden die Worte Sorge und Not angewendet. Niemand denkt mehr an den Bauern wenig fruchtbarer Landstriche, seine Mißernten, die Gefahren von Hagel und Frost, die Sorge um den Verkauf seiner Erzeugnisse, an das elende Leben armer Handwerker in Gebieten mit starker Industrie, an die Tragödien kleiner Kaufleute, Hochseefischer, Erfinder, Ärzte, die in Angst und Gefahr um jeden Bissen täglichen Brotes ringen müssen und die zu Tausenden unbeachtet zugrunde gehen. „Der Arbeiter“ allein findet Mitleid. Er allein wird unterstützt, versorgt, versichert. Mehr noch, er wird zum Heiligen, zum Götzen der Zeit erhoben. Die Welt dreht sich um ihn. Er ist der Mittelpunkt der Wirtschaft und das Schoßkind der Politik. Das Dasein aller ist um seinetwillen da; die Mehrheit der Nation hat ihm zu dienen. Man darf sich über den dummen und dicken Bauern, den trägen Beamten, den betrügerischen Krämer lustig machen, um vom Richter, Offizier und Unternehmer, den bevorzugten Objekten gehässiger Witze, ganz zu schweigen, aber niemand würde es wagen, über „den Arbeiter“ den gleichen Hohn auszugießen. Alle anderen sind Müßiggänger, nur er nicht. Alle sind Egoisten, nur er nicht. Das gesamte Bürgertum schwingt die Weihrauchfässer vor diesem Phantom; wer auch noch so viel in seinem eigenen Leben leistet, muß vor ihm auf den Knien liegen. Sein Dasein ist über jede Kritik erhaben. Erst das Bürgertum hat diese Art der Dinge zu sehen völlig durchgesetzt, und die geschäftstüchtigen „Volksvertreter“ schmarotzen von dieser Legende. Sie haben sie den Lohnarbeitern so lange erzählt, bis sie daran glaubten, bis sie sich wirklich mißhandelt und elend fühlten, bis sie jeden Maßstab für ihre Leistung und ihre Wichtigkeit verloren. Der Liberalismus gegenüber den Tendenzen der Demagogie ist die Form, in welcher die kranke Gesellschaft Selbstmord begeht. Mit dieser Perspektive gibt sie sich selbst auf. Der Klassenkampf, der gegen sie geführt wird, erbittert und erbarmungslos, findet sie zur politischen Kapitulation bereit, nachdem sie geistig die Waffen des Gegners schmieden half. Nur das konservative Element, so schwach es im 19. Jahrhundert war, kann und wird das Ende in Zukunft verhindern.

14

Wer ist es denn, der diese Masse der Lohnarbeiter in den großen Städten und Industriegebieten aufwiegelt, organisiert, mit Schlagworten versehen, durch eine zynische Propaganda in den Klassenhaß gegen die Mehrheit der Nation hineingetrieben hat? Es ist nicht der fleißige und gelernte Arbeiter, der „Straubinger" (Vagabund), wie er im Briefwechsel zwischen Marx und Engels voller Verachtung genannt wird. Engels spricht im Brief an Marx vom 9. Mai 1851 von dem demokratischen roten und kommunistischen Mob und schreibt am 11. Dezember 1851 an Marx: „Was ist denn noch an dem Gesindel, wenn es verlernt sich zu schlagen?" Der Handarbeiter ist nur Mittel für die privaten Ziele der Berufsrevolutionäre. Er soll sich schlagen, um ihren Haß gegen die konservativen Mächte und ihren Hunger nach Macht zu befriedigen. Wollte man nur Arbeiter als Vertreter von Arbeitern anerkennen, so würden die Bänke auf der linken Seite aller Parlamente sehr leer werden. Unter den Urhebern der theoretischen Programme und den Führern revolutionärer Aktionen ist kein einziger, der wirklich jahrelang in einer Fabrik gearbeitet hätte. Die politische Boheme Westeuropas, in welcher der Bolschewismus sich seit Mitte des 19. Jahrhunderts entwickelt, setzt sich aus denselben Elementen zusammen wie die, welche den revolutionären Liberalismus seit 1770 ausgebildet hat. Ob 1848 in Paris die Februarrevolution für den „Kapitalismus" oder die Junischlachten gegen ihn erfolgten, ob „Freiheit und Gleichheit" 1789 die des Mittelstandes, 1793 und 1918 die der untersten Schichten bedeuten sollten – in Wirklichkeit waren die Ziele der Anstifter dieser Bewegungen und ihre letzten Motive genau die gleichen, und nicht anders steht es heute in Spanien und morgen vielleicht in den Vereinigten Staaten. Es ist der geistige Mob, an der Spitze die Gescheiterten aller akademischen Berufe, die geistig Unfähigen und seelisch irgendwie Gehemmten, woraus die Gangsters der liberalen und bolschewistischen

Aufstände hervorgehen. Die „Diktatur des Proletariats", das heißt ihre eigene Diktatur mit Hilfe des Proletariats, soll ihre Rache an den Glücklichen und Wohlgeratenen sein, das letzte Mittel, die kranke Eitelkeit und die gemeine Gier nach Macht zu stillen, die beide aus der Unsicherheit des Selbstgefühls hervorwachsen, der letzte Ausdruck verdorbener und fehlgeleiteter Instinkte.

Unter all diesen Juristen, Journalisten, Schulmeistern, Künstlern, Technikern pflegt man einen Typus zu übersehen, den verhängnisvollsten von allen: den gesunkenen Priester. Man vergißt den tiefen Unterschied zwischen Religion und Kirche. Religion ist das persönliche Verhältnis zu den Mächten der Umwelt, wie es sich in Weltanschauung, frommem Brauch und entsagendem Sichverhalten ausdrückt. Eine Kirche ist die Organisation einer Priesterschaft, die um ihre weltliche Macht kämpft. Sie bringt die Formen des religiösen Lebens und damit die Menschen, die an ihnen hängen, in ihre Gewalt. Sie ist deshalb die geborene Feindin aller anderen Machtgebilde, des Staates, des Standes, der Nation. Während der Perserkriege agitierte die Priesterschaft von Delphi für Xerxes und gegen die nationale Verteidigung. Cyrus konnte Babylon erobern und den letzten Chaldäerkönig Naboned stürzen, weil die Priesterschaft des Marduk mit ihm im Einverständnis war. Die altägyptische und altchinesische Geschichte sind voll von Beispielen dieser Art, und im Abendland bestand zwischen Monarchie und Kirche, Thron und Altar, Adel und Priestertum nur dann zuweilen – ein Waffenstillstand, wenn man sich von einem Bündnis gegen Dritte den größeren Vorteil versprach. „Mein Reich ist nicht von dieser Welt" ist der tiefe Ausspruch, der von jeder Religion gilt und den jede Kirche verrät. Aber jede Kirche verfällt mit der Tatsache ihres Daseins den Bedingungen geschichtlichen Lebens: sie denkt machtpolitisch und materiell-wirtschaftlich; sie führt Krieg auf diplomatische und militärische Art und teilt mit anderen Machtgebilden die Folgen von Jugend und Alter, Aufstieg und Verfall. Und vor allem ist sie im Hinblick auf konservative Politik und Tradition in Staat und Gesellschaft nicht ehrlich und kann es als Kirche gar nicht sein. Alle jungen Sekten sind im tiefsten Grunde staats- und besitzfeindlich, gegen Stand und Rang und für allgemeine Gleichheit eingenommen. Und die Politik altgewordener Kirchen, so konservativ sie in bezug auf sich selbst sind, ist immer in Versuchung, in bezug auf den Staat und die Gesellschaft liberal, demokratisch, sozialistisch, also einebnend und zerstörend zu werden, sobald der Kampf zwischen Tradition und Mob beginnt.

Alle Priester sind Menschen und damit wird das Schicksal der Kirche von dem menschlichen Material abhängig, aus dem sie sich in schneller Folge zusammensetzt. Selbst die strengste Auswahl – und sie ist in der Regel meisterhaft – kann nicht verhindern, daß in Zeiten des gesellschaftlichen Verfalles und revolutionären Abbaus aller alten Formen die gemeinen Instinkte und das gemeine Denken häufig und selbst herrschend werden. Es gibt in allen derartigen Zeiten einen Priesterpöbel, der die Würde und den Glauben der Kirche durch den Schmutz parteipolitischer Interessen schleift, sich mit den Mächten des Umsturzes verbündet und mit den sentimentalen Phrasen von Nächstenliebe und Schutz der Armen die Unterwelt zur Zerstörung der gesellschaftlichen Ordnung entfesseln hilft – der Ordnung, mit welcher auch die Kirche unwiderruflich und schicksalhaft verbunden ist. Eine Religion ist das, was die Seele der Gläubigen ist. Eine Kirche ist so viel wert, als das Priestermaterial wert ist, aus dem sie sich zusammensetzt.

Am Anfang der Französischen Revolution stehen neben dem Schwarm verkommener Abbés, die seit Jahren gegen Monarchie, Autorität und Stand spöttisch schrieben und redeten, der entlaufene Mönch Fouché und der abtrünnige Bischof Talleyrand, beide Königsmörder und Millionendiebe, napoleonische Herzöge und Landesverräter. Seit 1815 wird der christliche Priester immer häufiger Demokrat, Sozialist und Parteipolitiker. Das Luthertum, das kaum, und der Puritanismus, der gar keine Kirche ist, haben als solche keine destruktive Politik getrieben. Der einzelne Priester ging für sich „ins Volk" und zur Arbeiterpartei, redete in Wahlversammlungen und Parlamenten, schrieb über „soziale" Fragen und endete als Demagoge und Marxist. Der katholische Priester aber, stärker gebunden, zog die Kirche auf diesem Wege hinter sich her. Sie wurde in die Agitation der Parteien verflochten, zuerst als wirksames Mittel und zuletzt als Opfer dieser Politik. Eine katholische Gewerkschaftsbewegung mit sozialistisch-syndikalistischen Tendenzen gab es in Frankreich schon unter Napoleon III. In Deutschland entstand sie seit 1870 aus der Furcht, daß die roten Gewerkschaften die Macht über die Massen der Industriegebiete allein eroberten. Und alsbald verständigte sie sich mit diesen. Alle Arbeiterparteien sind sich ihrer Gemeinsamkeit dunkel bewußt, so sehr die Führergruppen einander hassen.

Es ist lange her, seit der weltpolitische Blick Leos XIII. Schule machte und in Deutschland ein echter Kirchenfürst wie Kardinal Kopp den Klerus regierte. Damals war die Kirche sich bewußt, eine konservative Macht zu sein, und wußte sehr genau, daß ihr Schicksal mit dem der übrigen konservativen Mächte, der staatlichen Autorität, der Monarchie, der gesellschaftlichen Ordnung und des

Eigentums verbunden war, daß sie im Klassenkampf unbedingt gegen die liberalen und sozialistischen Mächte auf der „rechten" Seite stand und daß davon die Aussicht abhing, das revolutionäre Zeitalter als Macht zu überdauern. Das hat sich schnell geändert. Die seelische Disziplin ist erschüttert. Die pöbelhaften Elemente im Priestertum tyrannisieren durch ihre Tätigkeit die Kirche bis in die höchsten Stellen hinauf, und diese müssen schweigen, um ihre Ohnmacht nicht vor der Welt zu enthüllen. Die Diplomatie der Kirche, einst vornehm von oben her und über Jahrzehnte hin die Dinge taktisch beurteilend, hat in weiten Gebieten den gemeinen Methoden der Tagespolitik Platz gemacht, der parteimäßig demokratischen Agitation von unten mit ihren nichtswürdigen Kniffen und verlogenen Argumenten. Man denkt und handelt auf dem Niveau der großstädtischen Unterwelt. Man hat das überlieferte Streben nach weltlicher Macht auf den kleinen Ehrgeiz von Wahlerfolgen und Bündnissen mit anderen Pöbelparteien zum Zweck materieller Erfolge reduziert. Der Mob in der Priesterschaft, einst streng gezügelt, führt heute mit seinem proletarischen Denken die Herrschaft über den wertvollen Teil des Klerus, welcher die Seele des Menschen für wichtiger hält als seine Wahlstimme und metaphysische Fragen ernster nimmt als demagogische Eingriffe in das Wirtschaftsleben. Taktische Fehler wie in Spanien, wo man sich einbildete, das Schicksal von Thron und Altar trennen zu können, wären vor einigen Jahrzehnten nicht gemacht worden. Aber seit dem Ende des Weltkrieges sank vor allem in Deutschland die Kirche, die eine alte Macht mit alten und starren Traditionen ist und als solche das Niedersteigen zur Gasse mit dem Ansehen unter den eignen Gläubigen teuer bezahlen muß, durch die Agitation minderwertiger Anhänger zum Klassenkampf und zur Gemeinschaft mit dem Marxismus herab. Es gibt in Deutschland einen katholischen Bolschewismus, der gefährlicher ist als der antichristliche, weil er sich hinter der Maske einer Religion versteckt.

Nun sind alle kommunistischen Systeme des Abendlandes tatsächlich aus christlich-theologischem Denken erwachsen. Morus' Utopia, der Sonnenstaat des Dominikaners Campanella, die Lehren der Lutherschüler Karlstadt und Thomas Münzer und der Staatssozialismus Fichtes. Was Fourier, Saint Simon, Owen, Marx und hundert andere an Zukunftsidealen zusammenträumten und -schrieben, geht sehr wider Wissen und Willen auf priesterlich-moralische Entrüstung und auf scholastische Begriffe zurück, die im nationalökonomischen Denken und in der öffentlichen Meinung über Gesellschaftsfragen in aller Heimlichkeit ihr Wesen trieben. Wieviel vom Naturrecht und Staatsbegriff des

Thomas von Aquino steckt noch in Adam Smith und also – mit umgekehrtem Vorzeichen – im kommunistischen Manifest! Die christliche Theologie ist die Großmutter des Bolschewismus. Alles abstrakte Grübeln über Wirtschaftsbegriffe fern von aller wirtschaftlichen Erfahrung führt, wenn es mutig und ehrlich zu Ende geführt wird, irgendwie zu Vernunftschlüssen gegen Staat und Eigentum, und nur der Mangel an Blick erspart es diesen materialistischen Scholastikern zu sehen, daß am Ende ihrer Gedankenkette wieder der Anfang steht: Der verwirklichte Kommunismus ist autoritäre Bürokratie. Um das Ideal durchzusetzen, braucht man die Diktatur, die Schreckensherrschaft, die bewaffnete Macht, die Ungleichheit von Herren und Sklaven, Befehlenden und Gehorchenden, kurz das System von Moskau. Aber es gibt zweierlei Kommunismus: den einen, gläubigen, aus doktrinärer Besessenheit oder weibischer Sentimentalität, der weltfremd und weltfeindlich den Reichtum der lasterhaft Glücklichen und zuweilen auch die Armut der braven Unglücklichen verwirft. Er endet entweder in nebelhaften Utopien oder mit dem Rückzug auf Askese, Kloster, Boheme und Landstreichertum, wo man die Belanglosigkeit alles Wirtschaftsstrebens predigt. Der andere, „weltliche", realpolitische aber will durch seine Anhänger entweder aus Neid und Rache die Gesellschaft zertrümmern, weil sie ihnen auf Grund ihrer Persönlichkeit und ihrer Talente einen niedrigen Platz anweist, oder durch irgendein Programm die Massen hinter sich bringen, um seinen Willen zur Macht zu befriedigen. Aber auch das verbirgt sich gern hinter dem Mantel einer Religion.

Auch der Marxismus ist eine Religion, nicht in der Absicht seines Urhebers, aber in dem, was das revolutionäre Gefolge daraus gemacht hat. Er hat seine Heiligen, Apostel, Märtyrer, Kirchenväter, seine Bibel und seine Mission; er hat Dogmen, Ketzergerichte, eine Orthodoxie und Scholastik und vor allem eine volkstümliche Moral oder vielmehr zwei – gegenüber Gläubigen und Ungläubigen – wie nur irgendeine Kirche. Und daß seine Lehre durch und durch materialistisch ist – macht das einen Unterschied? Sind alle die Priester, die sich agitatorisch in Wirtschaftsfragen mischen, es weniger? Was sind denn christliche Gewerkschaften? Christlicher Bolschewismus, nichts anderes. Seit dem Beginn des rationalistischen Zeitalters, seit 1750 also, gibt es Materialismus mit und ohne christliche Terminologie. Sobald man die Begriffe Armut, Hunger, Elend, Arbeit und Lohn zusammenwirft – mit dem moralischen Unterton in den Worten reich und arm, recht und unrecht – und daraufhin für soziale und wirtschaftliche Forderungen proletarischer Art, für Geldforderungen also eintritt, ist man Materialist. Und dann tritt mit innerer Notwendigkeit an Stelle des Hochaltars das Parteisekretariat, an Stelle des Opferstockes die Wahlkasse, und der Gewerkschaftsbeamte wird der Nachfolger des heiligen Franz.

Dieser Materialismus der späten großen Städte ist eine Form des praktischen Urteilens und Handelns, mag daneben der „Glaube“ sein wie er will. Es ist die Art, die Geschichte, das öffentliche und das eigene Leben „wirtschaftlich“ zu sehen und unter Wirtschaft nicht den Lebensberuf und Lebensinhalt zu verstehen, sondern die Methode, mit wenig Anstrengung soviel Geld und Genuß als möglich zu erbeuten: *panem et circenses* . Den meisten kommt es heute gar nicht zum Bewußtsein, wie materialistisch sie denken und sind. Man kann eifrig beten und beichten und beständig das Wort „Gott“ im Munde führen, man kann sogar Priester von Beruf und Überzeugung und trotzdem Materialist sein. Die christliche Moral ist wie jede Moral Entsagung und nichts anderes. Wer das nicht empfindet, ist Materialist. „Im Schweiße deines Angesichts sollst du dein Brot essen“ – das heißt, diesen harten Sinn des Lebens nicht als Elend empfinden und nicht durch Parteipolitik zu umgehen suchen.

Aber für proletarische Wahlpropaganda ist der Satz allerdings nicht brauchbar. Der Materialist will lieber das Brot essen, das andere im Schweiße ihres Angesichts erarbeitet haben, der Bauer, der Handwerker, der Erfinder, der Wirtschaftsführer. Indessen das berühmte Nadelöhr, durch das manches Kamel hindurchgeht, ist nicht nur für den „Reichen“ zu eng, sondern auch für den, der durch Streik, Sabotage und Wahlen Lohnsteigerungen und Arbeitszeitverkürzungen erpreßt, und auch für den, der diese Tätigkeit um seiner Macht willen leitet. Es ist die Nützlichkeitsmoral von Sklavenseelen: Sklaven nicht nur durch die Lebenslage – das sind wir alle ohne Ausnahme durch das Schicksal unserer Geburt in eine Zeit und an einen Ort – sondern durch die gemeine Art, die Welt von unten zu sehen. Ob man das Reichsein beneidet oder geringschätzt, ob man den, der sich auf Grund persönlicher Vorzüge zu einem Führerrang hinaufgearbeitet hat – etwa ein Schlosserlehrling zum Erfinder und Besitzer einer Fabrik –, anerkennt oder haßt und hinabziehen möchte, darauf kommt es an. Aber dieser Materialismus, dem Entsagen unverständlich und lächerlich bleibt, ist nichts als Egoismus, von einzelnen oder Klassen, der parasitische Egoismus der Minderwertigen, die das Wirtschaftsleben der anderen und der Gesamtheit als Objekt betrachten, aus dem man mit möglichst geringer Anstrengung möglichst viel Lebensgenuß – *panem et circenses* – saugt. Hier wird die persönliche Überlegenheit, der Fleiß, der Erfolg, die Freude an der

Leistung als böse, als Sünde und Verrat betrachtet. Es ist die Moral des Klassenkampfes, die das alles unter der Bezeichnung Kapitalismus, die von Anfang an moralisch gemeint war, zusammenfaßt und dem Haß des Proletariers als Ziel bezeichnet, wie sie auf der anderen Seite versucht, die Lohnempfänger mit der Unterwelt der großen Städte zu einer politischen Front zu verschmelzen.

Nur „der Arbeiter" darf und soll Egoist sein, nicht etwa der Bauer oder Handwerker. Er allein hat Rechte statt Pflichten. Die anderen haben nur Pflichten und kein Recht. Er ist der privilegierte Stand, dem die anderen mit ihrer Arbeit zu dienen haben. Das Wirtschaftsleben der Nationen ist um seinetwillen da und muß allein mit Rücksicht auf sein Behagen organisiert werden, ob es dabei zugrunde geht oder nicht. Das ist die Weltanschauung, welche die Klasse der Volksvertreter aus der akademischen Hefe, vom Literaten und Professor bis zum Priester, entwickelt hat und durch die sie die unteren Schichten der Gesellschaft demoralisiert, um sie für ihren Haß und ihren Hunger nach Macht mobil zu machen. Deshalb sind Marx gegenüber vornehm und konservativ denkende Sozialisten wie Lassalle, der Anhänger der Monarchie, und Georges Sorel, der die Verteidigung von Vaterland, Familie und Eigentum als vornehmste Aufgabe des Proletariats betrachtete und von dem Mussolini gesagt hat, daß er ihm mehr verdanke als Nietzsche, unbequem und werden nie mit ihrer wahren Meinung zitiert. Unter den vielen Arten des theoretischen Sozialismus oder Kommunismus hat naturgemäß die gemeinste und in ihren letzten Absichten unehrlichste gesiegt, die, welche am rücksichtslosesten daraufhin entworfen war, den Berufsrevolutionären die Macht über die Massen zu verschaffen. Ob wir sie Marxismus nennen oder nicht, ist gleichgültig. Welche Theorie die revolutionären Schlagworte für die Propaganda liefert, oder hinter welchen nichtrevolutionären Weltanschauungen sie sich verbirgt, ist ebenso gleichgültig. Es kommt nur auf das praktische Denken und Wollen an. Wer gemein ist, gemein denkt, gemein fühlt und handelt, wird nicht anders dadurch, daß er sich ein Priestergewand auf den Leib zieht oder nationale Fahnen schwenkt. Wer irgendwo in der Welt heute Gewerkschaften oder Arbeiterparteien gründet oder führt, unterliegt beinahe mit Notwendigkeit sehr bald der marxistischen Ideologie, die unter dem Sammelbegriff Kapitalismus jede politische und wirtschaftliche Führung, die Gesellschaftsordnung, die Autorität und das Eigentum verleumdet und verfolgt. Er findet alsbald in seiner Gefolgschaft die schon zur Tradition gewordene Auffassung des Wirtschaftslebens als Klassenkampf und wird dadurch von ihr abhängig, wenn er Führer bleiben will. Der proletarische Egoismus ist nun einmal in seinen Zielen und Mitteln die Form, in welcher die „weiße“ Weltrevolution sich seit fast einem Jahrhundert vollzieht, und es macht wenig aus, ob sie sich eine soziale oder sozialistische Bewegung nennt und ob ihre Führer mit Betonung Christen sein wollen oder nicht.

Die Blütezeit der weltverbessernden Theorien füllt das erste, aufsteigende Jahrhundert des Rationalismus aus, vom Contrat social (1762) bis zum kommunistischen Manifest (1848). Damals glaubte man wie Sokrates und die Sophisten an die Allmacht des menschlichen Verstandes und seine Fähigkeit, über Schicksal und Instinkte Gewalt zu haben und das geschichtliche Leben ordnen und leiten zu können. Sogar in das Linnésche System zog der Mensch damals als *homo sapiens* ein. Man vergaß die Bestie im Menschen, die ihr Dasein 1792 wieder nachdrücklich in Erinnerung brachte. Man war nie weiter entfernt von der Skepsis des echten Kenners der Geschichte und der wirklichen Weisen aller Zeiten, die wußten, daß „der Mensch böse ist von Jugend auf“. Man hoffte die Völker zum Zweck ihrer endgültigen Seligkeit nach doktrinären Programmen organisieren zu können. Die Leser wenigstens haben daran geglaubt, inwieweit die Schreiber solcher materialistischen Utopien, ist eine andere Frage.

Aber seit 1848 ist das zu Ende. Das System von Marx ist auch darum das wirksamste geworden, weil es das letzte war. Wer heute politische oder wirtschaftliche Programme zur Rettung der „Menschheit“ entwirft, ist altmodisch und langweilig. Er beginnt lächerlich zu werden. Aber die agitatorische Wirkung solcher Theorien auf Dummköpfe – die Lenin auf 95 % aller Menschen schätzte – ist noch immer stark (sie nimmt in England und Amerika sogar zu), mit Ausnahme von Moskau, wo man nur zu politischen Zwecken daran zu glauben vorgibt.

Die klassische Nationalökonomie von 1770 und die ebenso alte materialistische, das heißt „wirtschaftliche“ Geschichtsauffassung, die beide das Schicksal von Jahrtausenden auf die Begriffe Markt, Preis und Ware zurückführen, gehören im tiefsten Grunde dazu. Sie sind innerlich verwandt und vielfach identisch und führen mit Notwendigkeit zu Träumen von einem Dritten Reich, das der Fortschrittsglaube des 19. Jahrhunderts irgendwie als Ende der Geschichte angestrebt hat. Es war die materialistische Travestie des Gedankens großer gotischer Christen wie des Joachim von Floris vom Dritten Reich. Es sollte nun die endgültige Seligkeit auf Erden begründen, das Schlaraffenland aller

Armen und Elenden, die man mit steigendem Nachdruck mit „dem Arbeiter" identifizierte. Es sollte das Ende aller Sorge, das süße Nichtstun, den ewigen Frieden bringen, und der Klassenkampf mit der Abschaffung des Eigentums, der „Brechung der Zinsknechtschaft", dem Staatssozialismus und der Vernichtung aller Herren und Reichen sollte dazu den Weg bahnen. Es war der siegreiche Egoismus der Klasse, als „Wohl der Menschheit" bezeichnet und moralisch in den Himmel erhoben.

Das Ideal des Klassenkampfes erscheint zuerst in der berühmten Propagandaschrift des Abbé Sieyès – wieder ein katholischer Priester! – von 1789 über den tiers état, der die beiden höheren Stände einebnen sollte. Es entwickelt sich von dieser frührevolutionären liberalen Fassung folgerichtig zu der bolschewistischen Spätform von 1848, welche den Kampf vom politischen auf das wirtschaftliche Gebiet verlegt, nicht der Wirtschaft wegen, sondern um durch ihre Zerstörung das politische Ziel zu erreichen. Wenn hier von „bürgerlichen" Ideologen ein Unterschied von Idealismus und Materialismus gefunden wird, so sehen sie nicht über den Vordergrund der Schlagworte in die Tiefe der letzten Ziele hinein, die hier wie dort durchaus die gleichen sind. Alle Klassenkampftheorien sind zum Zweck der Mobilmachung großstädtischer Massen entworfen worden. Die "Klasse" sollte erst geschaffen werden, mit der sich kämpfen ließ. Das Ziel wurde 1848, wo man die ersten Erfahrungen von Revolutionen hinter sich hatte, als Diktatur des Proletariats bezeichnet, und hätte dort Diktatur der Bourgeoisie genannt werden können, denn der Liberalismus will nichts anderes sein. Das ist der letzte Sinn der Verfassungen, Republiken und des Parlamentarismus. Aber in Wirklichkeit war jedesmal die Diktatur der Demagogen gemeint, welche die Nationen mit Hilfe der planmäßig demoralisierten Masse zum Teil aus Rache vernichten, zum Teil aus Hunger nach Macht als Sklaven unter sich sehen wollten.

Jedes Ideal stammt von einem, der es nötig hat. Das Ideal des liberalen wie des bolschewistischen Klassenkampfes ist die Schöpfung von Leuten, die entweder ohne Erfolg in eine höhere Gesellschaftsschicht strebten oder die sich in einer befanden, deren ethischen Ansprüchen sie nicht gewachsen waren. Marx ist ein gescheiterter Bürger – daher sein Haß gegen das Bürgertum. Und dasselbe gilt von all den anderen Juristen, Literaten, Professoren und Priestern: sie hatten einen Beruf gewählt, zu dem sie nicht berufen waren. Das ist die seelische Voraussetzung des Berufsrevolutionärs.

Das Ideal des Klassenkampfes ist der berühmte Umsturz: nicht der Aufbau von etwas Neuem, sondern die Zerstörung von Vorhandenem. Es ist ein Ziel ohne Zukunft. Es ist der Wille zum Nichts. Die utopischen Programme sind nur für die seelische Bestechung der Massen da. Ernstgemeint ist ausschließlich der Zweck der Bestechung, die Schaffung der Klasse als Kampftruppe durch planmäßige Demoralisation. Nichts schmiedet besser zusammen als der Haß. Aber man sollte hier lieber von Klassenneid als Klassenhaß reden. Im Haß liegt stillschweigend die Anerkennung des Gegners. Der Neid ist der schiefe Blick von unten hinauf zu etwas Höherem, das unverstanden und unerreichbar bleibt und das man deshalb herabziehen, zu seinesgleichen machen, beschmutzen und verachten möchte. Zum Wunschbild der proletarischen Zukunft gehört deshalb nicht nur das Glück der meisten, das im vergnüglichen Nichtstun besteht – noch einmal: *panem et circenses!* –, und der ewige Friede, um es frei von aller Sorge und Verantwortung zu genießen, sondern mit echt revolutionärem Geschmack vor allem das Unglück der „wenigen", der ehemals Mächtigen, Klugen, Vornehmen und Reichen, an dessen Anblick man sich weidet. Jede Revolution beweist es. Daß die Lakaien von gestern an der Tafel des Herrn schwelgen, ist nur ein halber Genuß: der Herr muß ihnen dabei aufwarten.

Das Objekt des Klassenkampfes, das um 1789 „die Tyrannen" waren – die Könige, „Junker" und „Pfaffen" –, wurde um 1850 mit der Verlegung des politischen Kampfes auf wirtschaftliches Gebiet „der Kapitalismus". Es ist ein hoffnungsloser Versuch, dies Schlagwort – denn das ist es – definieren zu wollen. Es stammt gar nicht aus wirtschaftlicher Erfahrung, sondern ist moralisch gemeint, um nicht zu sagen halb christlich. Es soll den Inbegriff des wirtschaftlich Bösen bezeichnen, die große Sünde der Überlegenheit, den Teufel, der sich in Wirtschaftserfolge verkleidet hat. Es ist, sogar in gewissen bürgerlichen Kreisen, ein Schimpfwort für alle geworden, die man nicht leiden mag, alles was Rang hat, den erfolgreichen Unternehmer und Kaufmann so gut wie den Richter, Offizier und Gelehrten, sogar die Bauern. Es bedeutet alles, was nicht „Arbeiter" und Arbeiterführer ist, alle, die nicht auf Grund geringer Talente schlecht weggekommen sind. Es faßt alle Starken und Gesunden zusammen in den Augen aller Unzufriedenen, allen seelischen Pöbels.

„Der Kapitalismus" ist überhaupt keine Form der Wirtschaft oder „bürgerliche" Methode, Geld zu machen. Er ist eine Art, die Dinge zu sehen. Es gibt Nationalökonomen, die ihn in der Zeit Karls des Großen und in urzeitlichen Dörfern gefunden haben. Die Nationalökonomie seit 1770 betrachtet das

Wirtschaftsleben, das in Wirklichkeit eine Seite des geschichtlichen Daseins der Völker ist, vom Standpunkt des englischen Händlers aus. Die englische Nation war wirklich damals im Begriff, den Welthandel zu ihrem Monopol zu machen. Daher ihr Ruf als Krämervolk, als Masse von *shopkeepers* . Der Händler ist aber nur Vermittler. Er setzt das Wirtschaftsleben selbst voraus, indem er seine Tätigkeit zu dessen Schwerpunkt zu machen sucht, von dem alle anderen Menschen in der Rolle von Erzeugern und Verbrauchern abhängig sind. Diese Machtstellung hat Adam Smith beschrieben. Das ist seine „Wissenschaft". Deshalb geht die Nationalökonomie bis zum heutigen Tage vom Begriff des Preises aus und sieht statt des wirtschaftlichen Lebens und tätiger Menschen nur Waren und Märkte. Deshalb wird von nun ab, vor allem von der sozialistischen Theorie, die Arbeit als Ware und der Lohn als Preis betrachtet. In diesem System hat weder die Führerarbeit des Unternehmers und Erfinders noch die Bauernarbeit Platz. Man sieht nur Fabrikwaren und Hafer oder Schweine. Es dauert nicht lange und man hat den Bauern und Handwerker ganz vergessen und denkt wie Marx bei der Zerlegung der Menschen in Klassen nur noch an den Lohnarbeiter und – die andern, die „Ausbeuter".

So entsteht die künstliche Zweiteilung der „Menschheit" in Erzeuger und Abnehmer, die sich unter den Händen der Klassenkampftheoretiker in den perfiden Gegensatz von Kapitalisten und Proletariern, von Bourgeoisie und Arbeiterschaft, von Ausbeutern und Ausgebeuteten verwandelt hat. Den Händler aber, den eigentlichen „Kapitalisten", hat man verschwiegen. Der Fabrikbesitzer und der Landwirt ist der sichtbare Feind, weil er die Lohnarbeit entgegennimmt und den Lohn zahlt. Das ist sinnlos, aber wirksam. Die Dummheit einer Theorie war nie ein Hindernis für ihre Wirkung. Es handelt sich beim Urheber eines Systems um Kritik, beim Gläubigen immer um das Gegenteil.

„Kapitalismus" und „Sozialismus" sind gleich alt, im Innersten verwandt, aus derselben Betrachtungsweise hervorgegangen und mit denselben Tendenzen belastet. Der Sozialismus ist nichts als der Kapitalismus der Unterklasse. Die freihändlerische Manchesterlehre Cobdens und das kommunistische System von Marx sind beide um 1840 und in England entstanden. Marx hat den freihändlerischen Kapitalismus sogar begrüßt.

Der „Kapitalismus von unten" will die Ware Lohnarbeit so teuer wie möglich verhandeln, ohne Rücksicht auf die Kaufkraft des Abnehmers, und so gering wie möglich liefern. Daher der Haß sozialistischer Parteien gegen die Qualitäts- und

Akkordarbeit und ihr Streben, die „aristokratische" Lohnspanne zwischen gelernten und ungelernten Arbeitern möglichst zu beseitigen. Er will durch den Streik – der erste Generalstreik fand 1841 in England statt – den Preis der Handarbeit in die Höhe treiben und ihn endlich durch Enteignung der Fabriken und Bergwerke von der dann den Staat beherrschenden Bürokratie der Arbeiterführer frei bestimmen lassen. Denn das ist der geheime Sinn der Verstaatlichung. Der „Kapitalismus von unten" bezeichnet den erarbeiteten Besitz der Begabten und Überlegenen als Diebstahl, um ihn sich durch die größere Zahl der Fäuste ohne Arbeit aneignen zu können. So entsteht die Theorie vom Klassenkampf, der wirtschaftlich gestaltet und politisch gemeint war, jenes auf die Stimmung der Arbeiter, dieses auf den Vorteil der Arbeiterführer berechnet. Es war ein Zweck ohne Dauer. Niedrige Geister können gar nicht über den morgigen Tag in die Ferne der Zeiten blicken und für diese handeln. Der Klassenkampf sollte Zerstörung bringen und nichts anderes. Er sollte die Mächte der Tradition, der politischen wie der wirtschaftlichen, aus dem Wege räumen, um den Mächten der Unterwelt die ersehnte Rache und die Herrschaft zu geben. Was jenseits des Sieges kommt, wenn der Klassenkampf längst Vergangenheit ist, daran haben diese Kreise nie einen Gedanken verschwendet.

So beginnt seit 1840 ein vernichtender Angriff auf das wirkliche, unendlich verwickelte Wirtschaftsleben der weißen Völker von zwei Seiten her: die Gilde der Geldhändler und Spekulanten, die Hochfinanz, durchdringt es mit Hilfe der Aktie, des Kredits, der Aufsichtsräte, und macht die Führerarbeit des fachmännischen Unternehmertums, in dem sich sehr viele ehemalige Handarbeiter befinden, die sich durch Fleiß und Genie hinaufgearbeitet haben, von ihren Absichten und Interessen abhängig. Der eigentliche Wirtschaftsführer sinkt zum Sklaven des Finanzmannes herab. Er arbeitet am Gedeihen einer Fabrik, während sie im selben Augenblick vielleicht durch eine Börsenspekulation, von der er nichts weiß, ruiniert wird. Und von unten zerstört die Gewerkschaft der Arbeiterführer langsam und sicher den Organismus der Wirtschaft. Die theoretische Waffe der einen ist die gelehrte, „liberale" Nationalökonomie, welche die öffentliche Meinung über Wirtschaftsfragen formt und sich beratend und bestimmend in die Gesetzgebung mischt, die der anderen das kommunistische Manifest, mit dessen Grundsätzen von der linken Seite aller Parlamente aus ebenfalls in die Gesetzgebung eingegriffen wird. Und beide vertreten das Prinzip der „Internationale", das rein nihilistisch und negativ ist: Es richtet sich gegen die geschichtlichen, grenzsetzenden Formen – jede Form, jede Gestalt ist Begrenzung – der Nation, des Staates, der nationalen Wirtschaften, deren Summe nur die „Weltwirtschaft" ist. Sie sind den Absichten der Hochfinanz wie der Berufsrevolutionäre im Wege. Deshalb werden sie verneint und sollen vernichtet werden.

Aber beide Arten von Theorie sind heute veraltet. Was gesagt werden konnte, ist längst gesagt worden, und beide haben sich seit 1918 durch ihre Voraussagen – in der Richtung auf New York oder auf Moskau – so bloßgestellt, daß man sie nur noch zitiert, ohne daran zu glauben. Die Weltrevolution hat in ihrem Schatten begonnen. Sie ist heute vielleicht auf ihrer Höhe angelangt, aber noch lange nicht zu Ende, indessen sie nimmt Formen an, die frei von allem theoretischen Gerede sind.

15

Und nun ist es endlich möglich, die „Erfolge" der Weltrevolution zu zeichnen, die heute erreicht sind. Denn die Revolution steht am Ziel. Sie droht nicht mehr; sie triumphiert, sie hat gesiegt. Und wenn ihre Anhänger das bestreiten, vor andern oder in voller Bestürzung vor ihrem eigenen Gewissen, so wiederholt sich darin nur das ewige Verhängnis menschlicher Geschichte, die dem Kämpfer am Ziel mit grausamer Klarheit zeigt, daß es ganz anders ist als er hoffte und daß es meist der Mühe nicht wert war.

Dieser Erfolg ist ungeheuerlich. Er ist für alle „weißen" Völker so furchtbar, daß niemand sieht oder zu sehen wagt, was alles dazu gehört, daß weder die Urheber den Mut haben, sich dazu zu bekennen, noch die im Bürgertum erhaltenen Reste der alten Gesellschaft, jene als Urheber zu bezeichnen. Der Weg vom Liberalismus zum Bolschewismus hatte sich zunächst im Kampf gegen die politischen Mächte vollzogen. Sie sind heute zerstört, zerfressen, zerfallen. Es hat sich wieder gezeigt, wie im Rom der Gracchenzeit, daß alles, was die wenigen großen starken Raubtiere, die Staatsmänner und Eroberer, in Jahrhunderten geschaffen haben, von den massenhaften kleinen, dem menschlichen Ungeziefer, in kurzer Zeit zernagt werden kann. Die alten ehrwürdigen Formen des Staates liegen in Trümmern. Sie sind durch den formlosen Parlamentarismus ersetzt worden, ein Schutthaufen ehemaliger Autorität, Regierungskunst und staatsmännischer Weisheit, auf dem die Parteien, Horden von Geschäftspolitikern, sich um die Beute streiten. Die ererbte Hoheit wurde durch Wahlen ersetzt, die immer neue Scharen von Minderwertigen an die Geschäfte bringen.

Und unter diesen Parteien sind es überall die Arbeiterparteien und deren Gewerkschaften, welche politische Zwecke mit wirtschaftlichen Mitteln und wirtschaftliche mit politischen Mitteln verfolgen, die nach Zusammensetzung des Führermaterials und mit ihren Programmen und Methoden der Agitation für alle andern tonangebend geworden sind. Sie werben alle um die großstädtische Masse und peitschen sie mit denselben sinnlosen Hoffnungen und erbitternden Anklagen auf. Kaum eine wagt es mehr auszusprechen, daß sie andere Teile der Nation vertreten will als „den Arbeiter". Sie behandeln ihn fast ohne Ausnahme als privilegierten Stand, aus Feigheit oder in der Hoffnung auf Wahlerfolge. Es ist in allen Ländern gelungen, ihn zu demoralisieren, ihn zum anspruchvollsten, unzufriedensten und deshalb unglücklichsten Wesen zu machen, ihn mit dem Pöbel der Gasse zu einer gesinnungsmäßigen Einheit, zur „Klasse" zu verschmelzen, aus ihm den seelischen Typus des Proleten heranzuzüchten, der durch sein bloßes Dasein den revolutionären Erfolg verbürgt, der Fleiß und Leistung als Verrat an der „Sache" verachtet und dessen höchster Ehrgeiz es ist, Massenführer und Träger der Revolution zu werden.

Es macht keinen Unterschied, ob diese Fronten des Klassenkampfes die Gestalt bürokratischer Parteien oder Gewerkschaften erhalten haben wie die marxistischen, katholischen und nationalen in Deutschland, ähnlich in England, ob sie die romanische Form von Anarchisten- und Sozialistenklubs besitzen wie in Barcelona und Chikago, oder ob sie wie einst in Rußland und heute in Amerika als unterirdische Bewegungen vorhanden sind, um sich erst im Augenblick der Tat sichtbar zusammenzuballen: Sie bestehen alle aus herrschenden Gruppen von Berufsdemagogen und einer willenlos geleiteten Gefolgschaft, die dem kaum begriffenen Endziel zu dienen und sich ihm zu opfern hat. Die Regierungen sind längst ihre ausführenden Organe geworden, entweder weil die Massenführer selbst die parlamentarische Macht besitzen oder weil es den Gegnern, die sich in der Hypnose der Arbeiterideologie befinden, an Mut zu eignem Denken und Handeln fehlt.

Sie regieren auch die Wirtschaft, und zwar mit politischen Mitteln zu politischem Zweck. Und dieser Zweck ist nie aus den Augen verloren worden: es war der Klassenkampf gegen die organischen Mächte und Formen des Wirtschaftslebens, die man „Kapitalismus" nannte. Das letzte Ziel war deren

Vernichtung, seit 1848, und es ist endlich erreicht worden. Die seit fast einem Jahrhundert ekstatisch vorausgesagte Katastrophe der Wirtschaft ist da. Die Weltwirtschaftskrise dieser und noch sehr vieler kommender Jahre ist nicht, wie die ganze Welt meint, die vorübergehende Folge von Krieg, Revolution, Inflation und Schuldenzahlung. Sie ist gewollt worden. Sie ist in allen wesentlichen Zügen das Ergebnis einer zielbewußten Arbeit der Führer des Proletariats. Ihre Wurzeln liegen viel tiefer als man denkt, und ihre Wirkungen sind nur in langen und harten Kämpfen gegen alles, was heute volkstümlich ist, und zum großen Teil überhaupt nicht wieder zu überwinden. Aber die Voraussetzung dafür ist der Mut zu sehen, was vor sich geht, und ich fürchte, daß davon nicht viel vorhanden ist. Zu keiner Zeit ist die Feigheit vor der allgemeinen Meinung der Parlamente, Parteien, Redner und Schreiber der ganzen Welt größer gewesen. Sie liegen alle auf den Knien vor dem „Volk", der Masse, dem Proletariat oder wie sie sonst das nennen, was den Führern der Weltrevolution blind und ahnungslos als Waffe gedient hat. Der Vorwurf „arbeiterfeindlich" zu sein, läßt heute jeden Politiker erbleichen.

Aber wer ist es denn, der eigentlich den Weltkrieg gewonnen hat? Sicherlich kein Staat, weder Frankreich noch England noch Amerika. Auch nicht die weiße Arbeiterschaft. Sie hat ihn zum großen Teil bezahlt, erst mit ihrem Blut auf den Schlachtfeldern, dann mit ihrer Lebenshaltung in der Wirtschaftskrise. Sie war das vornehmste Opfer ihrer Führer. Sie wurde für deren Ziele ruiniert. Der Arbeiterführer hat den Krieg gewonnen. Was man in allen Ländern Arbeiterpartei und Gewerkschaft nennt, in Wirklichkeit die Gewerkschaft der Parteibeamten, die Bürokratie der Revolution, hat die Herrschaft erobert und regiert heute die abendländische Zivilisation. Sie hat das „Proletariat" von Streik zu Streik, von Straßenkampf zu Straßenkampf getrieben, und ist selbst von einem verheerenden Parlamentsbeschluß zum anderen fortgeschritten, durch eigene Macht oder infolge der Angst des besiegten Bürgertums. Alle Regierungen der Welt wurden seit 1916 in rasch steigendem Maße von ihnen abhängig und mußten ihre Befehle vollziehen, wenn sie nicht gestürzt werden wollten. Sie mußten die brutalen Eingriffe in die Struktur und den Sinn des Wirtschaftslebens zulassen oder selbst durchführen, die sämtlich zugunsten der Arbeit niedersten Ranges, der bloß ausführenden Handarbeit erfolgten in Gestalt von maßlosen Lohnerhöhungen und Kürzungen der Arbeitszeit, von verwüstenden Steuergesetzen gegen den Ertrag der Führerleistung, gegen alten Familienbesitz, gegen das Gewerbe und gegen das Bauerntum. Die Ausraubung der Gesellschaft wurde durchgeführt. Es war die Löhnung der Söldner im Klassenkampf. Der natürliche Schwerpunkt des Wirtschaftskörpers, das Wirtschaftsdenken der Kenner, wurde durch einen künstlichen, unsachlichen, parteipolitischen ersetzt. Das Gleichgewicht ging verloren und der Bau stürzte ein. Aber das war seit Jahrzehnten das offen ausgesprochene Ziel des abendländischen Bolschewismus; die Wirtschaftskatastrophe war also ein taktischer Erfolg, so wenig die Arbeiterschaft das ahnte oder gewollt hat. Dieser seit 1848 im voraus geschilderte, von Bebel mit Begeisterung gepriesene Umsturz des „Kapitalismus", das „Jüngste Gericht" über die Bourgeoisie, sollte allerdings die ersehnte Diktatur des Proletariats, das heißt seiner Schöpfer und Führer von selbst zur Folge haben.

Aber ist das nicht wirklich der Fall? Von Moskau ganz abgesehen, war die Gewerkschaftsrepublik in Deutschland etwas anderes? Ist nicht in den nationalen Arbeiterparteien Deutschlands, Englands und sogar Italiens der wirtschaftliche, bürokratisch verwaltete Sozialismus das herrschende Ideal? Liegen nicht auf den Trümmern der Weltwirtschaft die schöpferischen Wirtschaftsbegabungen, die Träger des privaten Wirtschaftsstrebens, als Opfer dieser Diktatur? Der Wirtschaftsführer, der Kenner des Wirtschaftslebens, ist vom Parteiführer verdrängt worden, der nichts von Wirtschaft und um so mehr von demagogischer Propaganda versteht. Er herrscht als Bürokrat in der wirtschaftlichen Gesetzgebung, die den freien Entschluß des Wirtschaftsdenkers ersetzt hat, als Leiter von unzähligen Ausschüssen, Schiedsgerichten, Konferenzen, Ministerialbüros und wie die Formen seiner Diktatur sonst heißen mögen, sogar im faschistischen Korporationsministerium. Er will den wirtschaftlichen Staatssozialismus, die Ausschaltung der Privatinitiative, die Planwirtschaft, was alles im Grunde das gleiche ist, nämlich Kommunismus. Mag mit dem Unternehmer auch der Arbeiter das Opfer sein, jedenfalls hat der „Arbeiterführer" von Beruf endlich die ersehnte Gewalt in Händen und kann die Rache der Unterwelt an den Menschen vollziehen, die durch das Schicksal ihrer Geburt, das ihnen Talente und Überlegenheit verlieh, berufen waren, die Dinge von oben zu sehen und zu leiten.

Ich weiß es wohl: die meisten werden es mit Entsetzen ablehnen, diesen nie wieder gutzumachenden Zusammenbruch von allem, was Jahrhunderte aufgebaut haben, als gewollt, als das Ergebnis einer zielbewußten Arbeit zu erkennen. Aber es ist so und es läßt sich beweisen. Diese Arbeit beginnt, sobald die Berufsrevolutionäre der Generation von Marx begriffen hatten, daß in

Nordwesteuropa die an die Kohle gebundene Industrie zum wichtigsten Teil des Wirtschaftslebens wurde. Das nackte Dasein der ins Massenhafte wachsenden Nationen hing von ihrer Blüte ab. In England war das schon der Fall; für Deutschland hoffte man darauf, und diese Doktrinäre, welche die Welt durch das Schema von Bourgeoisie und Proletariat sahen, setzten als selbstverständlich voraus, daß es überall so werden müsse. Aber wie stand es denn mit Spanien und Italien, wo es keine Kohle gab, selbst mit Frankreich, um von Rußland ganz zu schweigen? Es ist zum Erstaunen, wie eng der Horizont dieser Theologen des Klassenkampfes war und blieb, und wie wenig das bis heute bemerkt worden ist. Haben sie jemals Afrika, Asien, Lateinamerika in den Bereich ihrer Wirtschaftskritik und ihrer Prophezeiungen gezogen? Haben sie einen Gedanken an die farbigen Arbeiter der tropischen Kolonien verschwendet? Waren sie sich bewußt, warum das unterblieb und unterbleiben mußte? Sie redeten von der Zukunft der „Menschheit", und statt den ganzen Planeten mit ihrem Blick zu umfassen, starrten sie auf ein paar Länder Europas, deren Staat und Gesellschaft sie zerstören wollten.

Hier aber haben sie gesehen, daß das erreichbar war, wenn sie die Lebensfähigkeit der Industrie vernichteten; und so begann der planmäßige Angriff auf sie dadurch, daß man ihre organisierte Arbeit unmöglich zu machen suchte. Das geschah, indem man zunächst im Gegensatz zur Führerarbeit der Unternehmer, Erfinder und Ingenieure die tägliche Dauer der ausführenden Lohnarbeit in den Fabriken und anfangs nur in ihnen gewaltsam verkürzte.

Sie betrug im 18. Jahrhundert, in Übereinstimmung mit der allgemeinen Arbeitsgewohnheit von nordischen Bauern und Handwerkern, mehr als zwölf Stunden, ohne gesetzlich festgelegt zu sein. Im Anfang des 19. Jahrhunderts wird sie in England auf zwölf Stunden beschränkt, um 1850 durch die gerade auch von Arbeitern erbittert bekämpfte Zehnstundenbill weiter herabgesetzt. Nachdem die Bill endgültig gesichert war, wurde sie in revolutionären Kreisen als Sieg der Arbeiterschaft und – mit Recht – als „Knebelung der Industrie" gefeiert. Man glaubte ihr damit einen tödlichen Schlag versetzt zu haben. Von da an übernahmen es die Gewerkschaften aller Länder mit steigendem Nachdruck, sie weiter zu kürzen und auf alle Lohnempfänger auszudehnen. Gegen Ende des Jahrhunderts betrug sie 9, am Ende des Weltkrieges 8 Stunden. Heute, wo wir uns der Mitte des 20. Jahrhunderts nähern, wird die 40-Stunden-Woche zum Minimum der revolutionären Forderung. Da gleichzeitig das Verbot der Sonntagsarbeit immer strenger durchgeführt wurde, so liefert der einzelne von seiner „Ware Arbeit“ nur noch die Hälfte des ursprünglichen, möglichen und natürlichen Quantums. Und so ist „der Arbeiter“, der nach der Lehre der marxistischen Religion allein arbeitet, zum großen Teil gegen seinen Willen derjenige geworden, der es am wenigsten tut. Welcher Beruf verträgt sich sonst mit einer so geringen Leistung?

Es war das Kampfmittel des Streiks in einer verschleierten, langsam wirkenden Form. Es bekam einen Sinn aber erst durch die Tatsache, daß der Preis für diese „Ware“, der Wochenlohn, nicht nur nicht verkürzt, sondern dauernd hinaufgetrieben wurde. Nun ist der „Wert“, der wirkliche Ertrag der ausführenden Arbeit keine selbständige Größe. Er ergibt sich aus dem organischen Ganzen der Industriearbeit, in welcher der auszuführende Gedanke, die Führerarbeit der Leitung und Regelung des Verfahrens, der Heranführung von Stoffen, des Absatzes der Erzeugnisse, des Durchdenkens von Kosten und Ertrag, von Anlagen und Einrichtungen, von neuen Möglichkeiten viel entscheidender sind. Der Gesamtertrag hängt vom Rang und der Leistung der Köpfe ab, nicht von den Händen. Ist kein Ertrag da, ist das Produkt unverkäuflich, so ist die ausführende Arbeit wertlos gewesen und kann eigentlich überhaupt nicht bezahlt werden. So ist es beim Bauern und Handwerker. Aber durch die Tätigkeit der Gewerkschaften ist der Stundenlohn des Handarbeiters aus der Einheit des Organismus herausgenommen worden. Er wird vom Parteiführer bestimmt, nicht vom Wirtschaftsführer errechnet, und er wird, wenn er von diesem nicht bewilligt wird und werden kann, durch Streik, Sabotage und den Druck auf die parlamentarischen Regierungen erzwungen. Er ist seit hundert Jahren, am Ertrag der bäuerlichen und handwerklichen Arbeit gemessen, um das Vielfache gesteigert worden. Jeder wirtschaftlich Tätige ist mit seinem Gewinn von der Lage der Wirtschaft abhängig, nur der Lohnarbeiter nicht. Er hat Anspruch auf die anorganisch festgesetzte und parteipolitisch erkämpfte Lohnhöhe, auch wenn sie nur durch den Verfall der Anlagen, durch Ertraglosigkeit des Ganzen, durch Verschleuderung der Erzeugnisse gehalten wird – bis die Werke erliegen. Und dann geht ein schadenfrohes Triumphgeheul durch die Reihen der „Arbeiterführer“. Sie haben wieder einen Sieg auf dem Wege zum „Endziel“ davongetragen.

Heute, wo die Entstehung der Klassenkampftheorie fast ein Jahrhundert zurückliegt und niemand mehr wirklich an sie glaubt, ist es zweifelhaft, ob diese Führer sich noch des Zweckes bewußt sind, um dessen willen diese Zerstörungsarbeit einst gefordert und begonnen worden ist. Aber es gibt eine nun schon alt gewordene Tradition und Methode unter ihnen, wonach sie unaufhörlich für Kürzung der Arbeit und Steigerung des Lohnes wirken müssen. Es ist der Nachweis ihrer Befähigung vor der Partei. Und wenn heute der ursprüngliche dogmatische Sinn vergessen ist und das gute Gewissen des Gläubigen fehlt, so ist doch die Wirkung da, die sie nun auf andere „Ursachen“ zurückführen – ein neues Mittel der Agitation, die Feststellung einer neuen Schuld gegenüber der Arbeiterschaft, die sie dem Kapitalismus zuschieben.

Einst hatte die Lehre vom „Mehrwert“ Gewalt über das unentwickelte Denken der Masse gehabt: der ganze Ertrag der industriellen Produktion war gleich dem Wert der ausführenden Handarbeit und mußte auf sie verteilt werden. Was der Wirtschaftsführer davon abzog, für Erhaltung der Werke, Bezahlung der Rohstoffe, Gehälter, Zinsen, der „Mehrwert“ also, war Diebstahl. Die Führer, Erfinder, Ingenieure arbeiteten überhaupt nicht, und jedenfalls besaß eine geistige Arbeit, die nur eine Art von Nichtstun war, keinen höheren Wert. Es war dieselbe „demokratische“ Tendenz, welche die Qualität jeder Art mißachtete und zu vernichten suchte und nur das Quantum gelten ließ, auch bei der Handarbeit selbst: der „aristokratische“ Unterschied von gelernten und ungelernten Arbeitern sollte aufgehoben sein. Sie sollten denselben Lohn erhalten. Akkordarbeit und höhere Leistungen wurden als Verrat an der „Sache“ gebrandmarkt. Auch das hat sich, gerade in Deutschland seit 1918, durchgesetzt. Es schaltete die Konkurrenz unter Arbeitern aus, erstickte den Ehrgeiz des besseren Könnens und verminderte dadurch wieder die Gesamtleistung. Daß das alles Nihilismus war, Wille zur Zerstörung, zeigt die heutige Praxis von Moskau, wo in jeder Beziehung der Zustand von 1840 wieder hergestellt wurde, sobald man „am Ziel“ war: lange Arbeitszeit, niedrige Löhne, die größte Spannung der Welt – größer selbst als in Amerika – zwischen der Bezahlung gelernter und ungelernter Arbeit und der Import fremder Ingenieure statt der eigenen, die man abgeschlachtet hatte, weil sie nach der Lehre des kommunistischen Manifestes den Arbeiter nur ausbeuteten, ohne etwas zu leisten, und deren Wert man erst nachher begriff.

Die Meinung, daß dem Arbeiter der „volle Wert“ seiner Arbeit zustehe, was mit dem Gesamtbetrag des Unternehmens gleichgesetzt wurde – ein Rest von Theorie also –, blieb bis zum Ende des Jahrhunderts in Geltung. Damit war wenigstens eine natürliche Grenze der Lohnforderungen anerkannt. Daneben und darüber hinaus entwickelte sich aber, etwa seit den siebziger Jahren, die ganz untheoretische Methode der Lohnerpressung durch den politischen Druck der Arbeiterorganisationen. Hier war keine Rede mehr von Grenzen, welche das Wirtschaftsleben dieser Ausraubung zugunsten einer Klasse setzte, sondern nur noch von den Grenzen der politischen, parlamentarischen, revolutionären Macht. In fast allen „weißen“ Ländern gab es um die Jahrhundertwende, am deutlichsten in Deutschland seit 1918, neben der verfassungsmäßigen Regierung eine ungesetzliche, aber mächtige Nebenregierung der Gewerkschaften aller Art, zu deren wichtigsten Aufgaben es gehörte, ihre Wähler mit Löhnen zu füttern und das Recht dazu von den „bürgerlichen“ Mächten dadurch zu erkaufen, daß sie ihnen die Erlaubnis zum Regieren erteilten. Die „Stimmung der Arbeiterschaft“, die von den Parteiführern gehandhabt wurde, war ausschlaggebend für alles geworden, wozu die parlamentarischen Regierungen sich zu entschließen wagten. So entstand die Tatsache der politischen Löhne, für die es natürliche, wirtschaftliche Grenzen nicht mehr gab. Die Tariflöhne, welche der Staat zu schützen verpflichtet war, wurden von der Partei festgesetzt, nicht von der Wirtschaft berechnet, und die Tarifhoheit der Gewerkschaften wurde zu einem Recht, das keine bürgerliche Partei oder Regierung anzutasten oder in Zweifel zu ziehen wagte. Der politische Lohn ging sehr bald über den „vollen Wert der Arbeit“ hinaus. Er hat, mehr als Konkurrenz und Überproduktion, die Industrie der „weißen“ Länder aus Notwehr und Selbsterhaltungstrieb in eine Entwicklung gedrängt, deren Ergebnis in der Katastrophe der Weltwirtschaft heute vor unseren Augen liegt. Der Lohnbolschewismus, mit Streik, Sabotage, Wahlen, Regierungskrisen arbeitend, entzog dem Wirtschaftsleben der Nationen – nicht Deutschlands allein – so viel Blut, daß es in fieberhaftem Tempo versuchen mußte, diese Verluste auf jede denkbare Weise zu ersetzen.

Man muß wissen, was alles zum Begriff des politischen Lohnes gehört, um den Druck dieser Lohndiktatur auf das gesamte Wirtschaftsleben der Völker zu ermessen. Er umfaßt, über die Geldzahlung weit hinausgehend, die Sorge für das gesamte Dasein „des Arbeiters“, die ihm abgenommen und „den anderen“ aufgebürdet wurde. „Der Arbeiter“ ist zum Pensionär der Gesellschaft, der Nation geworden. Jeder Mensch hat sich, wie jedes Tier, gegen das unberechenbare Schicksal zu wehren oder es zu tragen. Jeder hat seine persönliche Sorge, die volle Verantwortung für sich selbst, die Notwendigkeit, durch eigenen Entschluß in allen Gefahren für sich und seine Ziele einzustehen. Niemand denkt daran, dem Bauern die Folgen von Mißernte, Viehseuchen, Brand und Absatznöten, den Handwerkern, Ärzten, Ingenieuren, Kaufleuten,

Gelehrten die Gefahren des wirtschaftlichen Ruins und der Berufsuntauglichkeit infolge von mangelnder Eignung, Krankheit oder Unglücksfällen auf Kosten anderer abzunehmen. Jeder mag selbst und auf eigene Kosten sehen, wie er dem begegnet, oder er mag die Folgen tragen und betteln oder nach seinem Belieben in anderer Weise zugrunde gehen. So ist das Leben. Die Sucht des Versichertseinwollens – gegen Alter, Unfall, Krankheit, Erwerbslosigkeit, also gegen das Schicksal in jeder denkbaren Erscheinungsform, ein Zeichen sinkender Lebenskraft – hat sich von Deutschland ausgehend im Denken aller weißen Völker irgendwie eingenistet. Wer ins Unglück gerät, schreit nach den andern, ohne sich selbst helfen zu wollen. Aber es gibt einen Unterschied, der den Sieg des marxistischen Denkens über die ursprünglich germanischen, die individualistischen Triebe der Verantwortungsfreude, des persönlichen Kampfes gegen das Schicksal, des „ *amor fati* " bezeichnet. Jeder sonst sucht nach eigenem Entschluß und durch eigene Kraft dem Unvorhergesehenen auszuweichen oder entgegenzutreten, nur „dem Arbeiter" wird auch dieser Entschluß erspart. Er allein kann sich darauf verlassen, daß andere für ihn denken und handeln. Die entartende Wirkung dieses Freiseins von der großen Sorge, wie man sie an Kindern sehr reicher Familien beobachtet, hat die gesamte Arbeiterschaft gerade in Deutschland ergriffen: sobald sich irgendeine Not zeigt, ruft man den Staat, die Partei, die Gesellschaft, jedenfalls „die anderen" zu Hilfe. Man hat es verlernt, selbst Entschlüsse zu fassen und unter dem Druck wirklicher Sorgen zu leben.

Aber das bedeutet eine weitere Belastung der höheren Arbeit einer Nation zugunsten der niederen. Denn auch dieser Teil des politischen Lohnes, die Versicherung jeder Art gegen das Schicksal, der Bau von Arbeiterwohnungen – es fällt niemandem ein, dasselbe für Bauernhäuser zu verlangen –, die Anlage von Spielplätzen, Erholungsheimen, Bibliotheken, die Sorge für Vorzugspreise von Lebensmitteln, Bahnfahrten, Vergnügungen wird unmittelbar oder durch Steuern von „den andern" für die Arbeiterschaft bezahlt. Gerade das ist ein sehr wesentlicher Teil des politischen Lohnes, an den man nicht zu denken pflegt. Indessen ist der Nationalreichtum, auf dessen in Zahlen angegebene Höhe man sich verläßt, eine nationalökonomische Fiktion. Er wird – als „Kapital" – aus dem Ertrag der wirtschaftlichen Unternehmungen oder dem Kurs von Aktien, der von der Verzinsung abhängt, errechnet und sinkt mit ihnen, wenn der Wert der arbeitenden Werke durch die Höhe der Lohnbelastung in Frage gestellt wird. Eine Fabrik, die so zum Stilliegen kommt, ist aber nicht mehr wert, als für das Abbruchsmaterial gezahlt wird. Die deutsche Wirtschaft hat unter der Diktatur der Gewerkschaften vom 1. Januar 1925 bis Anfang 1929, also in vier Jahren, eine jährliche Mehrbelastung durch Erhöhung von Löhnen, Steuern und sozialen Abgaben von 18 225 Millionen Mark erfahren. Das ist ein Drittel des gesamten Nationaleinkommens, das einseitig verlagert wurde. Ein Jahr später war diese Summe auf weit über 20 Milliarden angewachsen. Was bedeuteten demgegenüber die 2 Milliarden Reparationen! Sie gefährdeten die Finanzlage des Reiches und die Währung. Ihr Druck auf die Wirtschaft kam gegenüber den Wirkungen des Lohnbolschewismus überhaupt nicht in Betracht. Es war die Expropriation der gesamten Wirtschaft zugunsten einer Klasse.

16

Es gibt höhere und niedere Arbeit: das läßt sich weder leugnen noch ändern; es ist der Ausdruck für die Tatsache, daß es Kultur gibt. Je höher sich eine Kultur entwickelt, je mächtiger ihre Gestaltungskraft, desto größer wird der Unterschied von maßgebendem und untergeordnetem Tun jeder Art, sei es politisch, wirtschaftlich oder künstlerisch. Denn Kultur ist gestaltetes, durchgeistigtes Leben, reifende und sich vollendende Form, deren Beherrschung einen immer höheren Rang der Persönlichkeit voraussetzt. Es gibt Arbeit, zu der man innerlich berufen sein muß, und andere, die man tun muß, weil man nichts Besseres kann, um davon zu leben. Es gibt Arbeit, der nur ganz wenige Menschen von Rang gewachsen sind, und andere, deren ganzer Wert in ihrer Dauer, ihrem Quantum besteht. Zur einen wie zur anderen wird man geboren. Das ist Schicksal. Das läßt sich nicht ändern, weder durch rationalistische noch durch sentimental-romantische Gleichmacherei.

Der Gesamtaufwand an Arbeit, den die abendländische Kultur in Anspruch nimmt, der mit ihr identisch ist, wird mit jedem Jahrhundert größer. Er betrug zur Zeit der Reformation das Vielfache von dem im Zeitalter der Kreuzzüge und wuchs mit dem 18. Jahrhundert ins Ungeheure, im Einklang mit der Dynamik der schöpferischen Führerarbeit, welche die niedere Massenarbeit in immer größerem Umfange notwendig gemacht hat. Aber deshalb will der proletarische Revolutionär, der die Kultur von unten sieht, weil er sie nicht hat, sie vernichten, um Qualitätsarbeit und Arbeit überhaupt zu sparen. Gibt es keinen Kulturmenschen mehr – den er für Luxus und überflüssig hält –, so gibt es weniger und vor allem geringere Arbeit, die jeder leisten kann. In einer sozialistischen Zeitung las ich einmal, daß nach den Geldmillionären die Gehirnmillionäre abgeschafft werden müßten. Man ärgert sich über die wirklich schöpferische Arbeit, man haßt ihre Überlegenheit, man beneidet ihre Erfolge, ob sie nun in Macht oder Reichtum bestehen. Die Scheuerfrau des Krankenhauses ist ihnen wichtiger als der leitende Arzt; der Ackerknecht ist mehr wert als der Landwirt, der Getreidearten und Viehrassen züchtet, der Heizer mehr als der Erfinder der Maschine. Eine Umwertung der wirtschaftlichen Werte, um einen Ausdruck Nietzsches zu gebrauchen, hat sich vollzogen, und da jeder Wert in den Augen der Masse sich in Geld, in der Bezahlung spiegelt, so soll die niedere Massenarbeit besser bezahlt werden als die höhere der führenden Persönlichkeiten, und das wird erreicht.

Es hatte Folgen, die noch niemand wirklich begriffen hat. Dieser „weiße" Arbeiter, um die Wette umschmeichelt und verwöhnt von den Führern der Arbeiterparteien und der Feigheit des Bürgertums, wird ein Luxustier. Man lasse doch den albernen Vergleich mit Millionären aus dem Spiel, die es „besser haben". Es kommt nicht auf Leute an, die in Schlössern wohnen und Dienerschaft halten. Man vergleiche den privaten Lebensaufwand eines modernen Industriearbeiters mit dem eines Kleinbauern. Um 1840 war die Lebenshaltung beider Klassen etwa dieselbe. Heute arbeitet der erste viel weniger als der andre, aber die Art, wie der Bauer, gleichviel ob in Pommern, Yorkshire oder Kansas, wohnt, ißt und sich kleidet, ist gegenüber dem, was ein Metallarbeiter vom Ruhrgebiet bis nach Pennsylvanien hin für seinen Unterhalt und vor allem für sein Vergnügen ausgibt, so erbärmlich, daß der Arbeiter sofort streiken würde, wenn man ihm zumutete, jemals wieder für die doppelte Arbeit und die ewige Sorge um Mißernte, Absatz und Verschuldung diese Lebenshaltung in Kauf zu nehmen. Was in den großen Städten des Nordens als Existenzminimum und als „Elend" betrachtet wird, würde in einem Dorf eine Wegstunde davon schon als Verschwendung erscheinen, ganz abgesehen vom Lebensstil im Gebiet des südeuropäischen Agrarkommunismus, wo die Anspruchslosigkeit farbiger Völker noch zu Hause ist. Aber dieser Luxus der Arbeiterschaft, die Folge der politischen Luxuslöhne, ist da und wer bezahlt ihn? Die geleistete Arbeit nicht. Ihr Ertrag ist bei weitem nicht soviel wert. Es müssen andere arbeiten, der ganze Rest der Nation, um ihn zu bestreiten. Es gibt Narren – wenn Ford ernst gemeint hat, was er sagte und schrieb, gehört er dazu –, die glauben, daß die gesteigerte „Kaufkraft" der Arbeiter die Wirtschaft auf der Höhe halte. Aber haben die unbeschäftigten Massen Roms seit der Gracchenzeit das getan? Man redet vom Binnenmarkt, ohne darüber nachzudenken, was das in Wirklichkeit ist. Man mache doch die Probe auf dies neue Dogma der „weißen"

Gewerkschaften und entlohne die Arbeiter statt mit Geld mit den Erzeugnissen ihrer eigenen Arbeit, mit Lokomotiven, Chemikalien und Pflastersteinen, für deren Verkauf sie selbst zu sorgen hätten.

Sie wüßten nichts damit anzufangen. Sie würden entsetzt darüber sein, wie wenig diese Dinge wert sind. Es würde sich außerdem zeigen, daß zum Geldausgeben höherer Art derselbe Grad von Kultur gehört, dieselbe Durchgeistigung des Geschmacks wie zum Geldverdienen durch überlegene Leistungen. Es gibt vornehmen und gemeinen Luxus, daran ändert man nichts. Es ist der Unterschied zwischen einer Oper von Mozart und einem Operettenschlager. Den Luxuslöhnen entspricht nun einmal kein verfeinertes Luxusbedürfnis. Es ist allein die Kaufkraft der höheren Gesellschaft, welche eine Qualitätsindustrie möglich macht. Die niederen Schichten ernähren nur eine Vergnügungsindustrie, „ *circenses* ", heute wie im alten Rom.

Aber dieser vulgäre Luxus der großen Städte – wenig Arbeit, viel Geld, noch mehr Vergnügen – übte eine verhängnisvolle Wirkung auf die hart arbeitenden und bedürfnislosen Menschen des flachen Landes aus. Man lernte dort Bedürfnisse kennen, von denen die Väter sich nichts hatten träumen lassen. Entsagen ist schwer, wenn man das Gegenteil vor Augen hat. Die Landflucht begann, erst der Knechte und Mägde, dann der Bauernsöhne, zuletzt ganzer Familien, die nicht wußten, ob und wie sie das väterliche Erbe gegenüber dieser Verzerrung des Wirtschaftslebens halten könnten. Es war in allen Kulturen auf dieser Stufe das gleiche. Es ist nicht wahr, daß Italien seit der Zeit Hannibals durch den Großgrundbesitz entvölkert worden wäre. Das „ *panem et circenses* " der Weltstadt Rom hat es getan, und erst das menschenleer und wertlos gewordene Land führte zur Entwicklung der Latifundienwirtschaft mit Sklaven. Sonst wäre es Wüste geworden. Die Entvölkerung der Dörfer begann 1840 in England, 1880 in Deutschland, 1920 im Mittleren Westen der Vereinigten Staaten. Der Bauer hatte es satt, Arbeit ohne Lohn zu tun, während die Stadt ihm Lohn ohne Arbeit versprach. So ging er davon und wurde „Proletarier".

Der Arbeiter selbst war unschuldig daran. Er empfindet seine Lebenshaltung gar nicht als Luxus, im Gegenteil. Er ist elend und unzufrieden geworden wie jeder Privilegierte ohne eigenes Verdienst. Was gestern das Ziel ausschweifender Wünsche war, ist heute selbstverständlich geworden und erscheint morgen als Notstand, der nach Abhilfe schreit. Der Arbeiterführer hat den Arbeiter verdorben, als er ihn zum Prätorianer des Klassenkampfes wählte. Zur Zeit des kommunistischen Manifestes sollte er zu diesem Zweck seelisch zum Proletarier gemacht werden, heute wird er zu gleichem Zweck mit der Hoffnung gefüttert, es eines Tages nicht mehr zu sein. Aber hier wie dort hat die unverdiente Höhe des politischen Lohnes dahin geführt, immer mehr für unentbehrlich zu halten.

Aber kann dieser Lohn, der eine selbständige Größe neben der Wirtschaft geworden ist, überhaupt noch bezahlt werden? Womit? Von wem? Bei genauem Zusehen zeigt sich, daß die Vorstellung vom Ertrag der Wirtschaft sich unter dem Druck der Lohnerpressungen unbemerkt verändert hat. Nur ein gesundes Wirtschaftsleben kann fruchtbar sein. Es gibt einen natürlichen, ungezwungenen Ertrag, solange der Lohn der ausführenden Arbeit als Funktion von ihm abhängt. Wird dieser eine unabhängige – politische – Größe, ein ununterbrochener Aderlaß, den kein lebender Körper erträgt, so beginnt eine künstliche, krankhafte Art und Berechnung des Wirtschaften, ein Wettrennen zwischen dem Absatz, der an der Spitze bleiben muß, wenn nicht das Ganze erliegen, sich verbluten soll, und den vorauseilenden Löhnen samt Steuern und sozialen Abgaben, die indirekte Löhne sind. Das fieberhafte Tempo der Produktionssteigerung geht zum großen Teil von dieser geheimen Wunde des Wirtschaftslebens aus. Die Bedarfsreizung durch alle Mittel der Reklame greift um sich; der Fernabsatz unter farbigen Völkern wird auf jede denkbare Weise ausgedehnt und erzwungen. Der wirtschaftliche Imperialismus der großen Industriestaaten, der mit militärischen Mitteln Absatzgebiete sichert und in ihrer Rolle als solche zu erhalten sucht, wird in seiner Intensität auch durch den Selbsterhaltungstrieb der Wirtschaftsführer bestimmt, welche der beständige lohnpolitische Druck der Arbeiterparteien zur Abwehr aufruft. Sobald irgendwo in der „weißen“ Welt ein wirkliches oder scheinbares Aufatmen der Industrie stattfindet, melden die Gewerkschaften Lohnansprüche an, um ihren Anhängern Gewinne, die gar nicht vorhanden sind, zu sichern. Als in Deutschland die Reparationszahlungen eingestellt wurden, hieß es sofort, daß diese „Ersparnisse“ der Arbeiterschaft zugute kommen müßten. Die natürliche Folge der Luxuslöhne war eine Verteuerung der Produktion – also ein Sinken des Geldwertes –, und auch da wurde politisch eingegriffen, indem die Verkaufspreise gesetzlich gehalten oder gesenkt wurden, um die Kaufkraft der Löhne zu sichern. Deshalb wurden um 1850 in England die Kornzölle aufgehoben – eine verschleierte Lohnerhöhung also – und damit der Bauer dem Arbeiter geopfert, was seitdem überall versucht oder durchgeführt worden ist, zum Teil mit der absurden nationalökonomischen Begründung von Bankiers und ähnlichen “Sachverständigen“; daß man die Welt in Agrar- und Industrieländer aufteilen müsse, um eine zweckmäßige Organisation der „Weltwirtschaft" zu erreichen. Was dann aus der Bauernschaft der Industrieländer werden sollte, danach fragte niemand. Sie war bloßes Objekt der Arbeiterpolitik. Sie war der eigentliche Feind für das Monopol der Arbeiterinteressen. Alle Arbeiterorganisationen sind bauernfeindlich, ob sie es zugeben oder bestreiten. Aus dem gleichen Grunde wurde der Preis für Kohle und Eisen unter parlamentarischem Druck festgesetzt, ohne Rücksicht auf die Kosten der Förderung eben durch die Löhne; ebenso wurden Vorzugspreise aller Art für die Arbeiterschaft erzwungen, die dann durch Erhöhung der Normalpreise für „die andern" ausgeglichen werden mußten. Ob der Absatz darunter litt oder unmöglich wurde, war eine Privatangelegenheit des Unternehmertums, und je mehr es in seiner Stellung erschüttert wurde, desto siegreicher fühlten sich die Gewerkschaften.

Eine Folge dieser Wirkungen des Klassenkampfes war der steigende Bedarf der produktiven Wirtschaft an „Kredit", an „Kapital", also an eingebildeten Geldwerten, die nur so lange vorhanden sind, als man an ihre Existenz glaubt, und die sich bei dem geringsten Zweifel in Form eines Börsenkrachs in nichts auflösen. Es war der verzweifelte Versuch, zerstörte echte Werte durch Wertphantome zu ersetzen. Die Blütezeit einer neuen, hinterlistigen Art von Banken begann, welche die Unternehmungen finanzierten und damit ihre Herren wurden. Sie gaben nicht nur Kredit, sondern sie erzeugten ihn auf dem Papier als gespenstisches, heimatlos schweifendes Finanzkapital. In immer rascherem Tempo wird alter Familienbesitz in Aktiengesellschaften umgewandelt, beweglich gemacht, um mit dem so erlangten Geld die Lücken im Kreislauf von Ausgabe und Einnahme zu füllen. Die Verschuldung der erzeugenden Wirtschaft denn zuletzt sind Aktien nichts als eine Schuld – wuchs ins Ungeheure, und als deren Verzinsung neben der Lohnzahlung eine für diese bedenkliche Größe zu werden begann, tauchte das letzte Mittel des Klassenkampfes auf, die Forderung nach Enteignung der Werke durch den Staat: damit sollten die Löhne der wirtschaftlichen Errechnung endgültig entzogen und zu Staatsgehältern werden, die von den regierenden Arbeiterparteien nach freiem Ermessen festgesetzt wurden und für die der Steuerbolschewismus die Mittel von der übrigen Nation zu beschaffen hatte.

Die letzten, entscheidenden Folgen dieses Wahnsinns der Luxuslöhne treten seit 1910 rasch zutage: die zunehmende Verödung des bäuerlichen Landes führte immer größere Massen in den Bereich des großstädtischen *panem et circenses* und verführte die Industrie zu immer größerer Ausdehnung der Werke, für deren Absatz man noch keine Sorge nötig zu haben glaubte. In die Vereinigten Staaten wanderten 1900 bis 1914 fünfzehn Millionen ländlicher Menschen aus Süd- und Osteuropa ein, während die Farmbevölkerung bereits abnahm. In Nordeuropa erfolgte eine Binnenwanderung von gleichem Ausmaß. Im Bergwerksgebiet von Briey arbeiteten 1914 mehr Polen und Italiener als Franzosen. Und über diese Entwicklung brach nun das Verhängnis von einer Seite herein, welche die Führer des Klassenkampfes nie in den Kreis ihrer Berechnungen gezogen, welche sie nicht einmal bemerkt hatten.

Marx hatte die Industriewirtschaft der „weißen" Länder des Nordens als das Meisterstück der „Bourgeoisie" bewundert und gehaßt. Er blickte immer nur auf deren Heimat, auf England, Frankreich und Deutschland, und für seine Nachfolger blieb dieser provinziale Horizont die rechtgläubige Voraussetzung aller taktischen Erwägungen. Aber die Welt war größer, und sie war mehr und etwas anderes als ein Gebiet, das den Export des kleinen europäischen Nordens stumm und widerstandslos aufnahm. Die weißen Arbeitermassen lebten nicht von der Industrie überhaupt, sondern vom Industriemonopol der nordischen Großmächte. Nur auf Grund dieser Tatsache waren die politischen Löhne gezahlt worden, ohne sofort zur Katastrophe zu führen. Jetzt aber erhob sich über dem Klassenkampf zwischen Arbeiterschaft und Gesellschaft innerhalb der weißen Völker ein Rassenkampf von ganz anderem Ausmaß, den kein Arbeiterführer geahnt hatte und den auch heute keiner in seiner schicksalsschweren Unerbittlichkeit begreift und zu begreifen wagt. Die Konkurrenz der weißen Arbeiter untereinander hatte man durch Gewerkschaftsorganisation und Tariflöhne beseitigt. Der seit 1840 herangewachsene Unterschied zwischen der Lebenshaltung des Industriearbeiters und des Bauern war dadurch unschädlich gemacht worden, daß die wirtschaftspolitischen Entscheidungen – Zölle, Steuern, Gesetze – von der Arbeiterseite aus und gegen die Landwirtschaft gefällt wurden. Hier aber trat die Lebenshaltung der Farbigen in Konkurrenz mit den Luxuslöhnen der weißen Arbeiterschaft.

Farbige Löhne sind eine Größe anderer Ordnung und anderer Herkunft als weiße. Sie wurden diktiert, nicht gefordert, und wurden niedrig gehalten, wenn es sein mußte, mit Waffengewalt. Man nannte das nicht Reaktion oder Entrechtung des Proletariats, sondern Kolonialpolitik, und wenigstens der englische Arbeiter, der imperialistisch zu denken gelernt hatte, war ganz damit einverstanden. Marx suchte bei seiner Forderung des „vollen Ertragswertes“ als Arbeiterlohn eine Tatsache zu unterschlagen, die er bei größerer Ehrlichkeit hätte bemerken und in Rechnung stellen müssen: Im Ertrag nordischer Industrien stecken die Kosten tropischer Rohstoffe – Baumwolle, Gummi, Metalle – und in diesen die niedrigen Löhne farbiger Arbeiter. Die Überbezahlung der weißen Arbeit beruhte auch auf der Unterbezahlung der farbigen.

Was Sowjetrußland als Methode im Kampf gegen die „weiße“ Wirtschaft proklamiert hat, um deren Lebensfähigkeit durch Unterbietung zu zerstören: nämlich die eigene Arbeiterschaft nach Lebenshaltung und Arbeitszeit wieder auf den Stand von 1840 zu setzen, wenn es sein mußte durch Hungertod oder – wie 1923 in Moskau – durch Artillerie, das war ohne Zwang schon längst auf der ganzen Erde in Entwicklung begriffen. Und es richtete sich mit furchtbarer Wirkung weniger gegen den Rang dieser Industrie als gegen die Existenz der weißen Arbeiterschaft. Haben die Sowjets das nicht begriffen, infolge ihrer doktrinären Verblendung, oder war das schon der Vernichtungswille des erwachenden asiatischen Rassebewußtseins, das die Völker der abendländischen Kultur vertilgen will?

In südafrikanischen Minen arbeiten Weiße und Kaffern nebeneinander, der Weiße 8 Stunden mit einem Stundenlohn von 2 Schilling, der Kaffer 12 Stunden bei 1 Schilling Tagelohn. Dies groteske Verhältnis wird durch die weißen Gewerkschaften aufrechterhalten, welche die Organisationsversuche der Farbigen verbieten und es durch politischen Druck auf die Parteien verhindern, daß die weißen Arbeiter samt und sonders hinausgeworfen werden, obwohl das in der Natur der Dinge läge. Aber das ist nur ein Beispiel des allgemeinen Verhältnisses zwischen weißer und farbiger Arbeit in der ganzen Welt. Die japanische Industrie schlägt mit ihren billigen Löhnen überall in Süd- und Ostasien die weiße Konkurrenz aus dem Felde und meldet sich schon auf dem europäischen und amerikanischen Markt. Indische Webwaren erscheinen in London. Und inzwischen geschieht etwas Furchtbares. Noch um 1880 gab es nur in Nordeuropa und Nordamerika Kohlenlager, die ausgebeutet wurden. Jetzt sind sie in allen Erdteilen bekannt und erschlossen. Das Monopol der weißen Arbeiterschaft auf Kohle ist zu Ende. Darüber hinaus aber hat sich die Industrie von der Bindung an die Kohle weitgehend befreit, durch Wasserkraft, Erdöl und elektrische Kraftübertragung. Sie kann wandern und sie tut es, und zwar überall fort aus dem Bereich der weißen Gewerkschaftsdiktaturen zu Ländern mit niedrigen Löhnen. Die Zerstreuung der abendländischen Industrie ist seit 1900 in vollem Gang. Die Spinnereien Indiens sind als Filialen der englischen Fabriken gegründet worden, um „dem Verbraucher näher zu sein". So war es ursprünglich gemeint, aber die Luxuslöhne Westeuropas haben eine ganz andere Wirkung hervorgebracht. In den Vereinigten Staaten wandert die Industrie mehr und mehr von Chikago und New York nach den Negergebieten im Süden und wird auch an der Grenze Mexikos nicht haltmachen. Es gibt wachsende Industriegebiete in China, Java, Südafrika, Südamerika. Die Flucht der hochentwickelten Verfahren zu den Farbigen schreitet fort und die weißen Luxuslöhne beginnen Theorie zu werden, da die dafür angebotene Arbeit nicht mehr gebraucht wird.

17

Schon um 1900 war die Gefahr ungeheuer. Der Bau der „weißen" Wirtschaft war bereits untergraben. Er drohte unter dem Druck der politischen Löhne, des Sinkens der persönlichen Arbeitsdauer, der Sättigung aller fremden Absatzmärkte, des Entstehens fremder, von den weißen Arbeiterparteien unabhängiger Industriegebiete bei der ersten weltgeschichtlichen Erschütterung einzustürzen. Nur der unwahrscheinliche Friede seit 1870, den die Angst der Staatsmänner vor nicht absehbaren Entscheidungen über die „weiße" Welt gebreitet hatte, hielt die allgemeine Täuschung über die unheimlich schnell näherrückende Katastrophe aufrecht. Die düsteren Vorzeichen wurden nicht bemerkt und nicht beachtet. Ein verhängnisvoller, flacher, fast verbrecherischer Optimismus – der Glaube an den unentwegten Fortschritt, der sich in Ziffern aussprach – beherrschte Arbeiterführer und Wirtschaftsführer, um von Politikern ganz zu schweigen, unterstützt von der krankhaften Aufblähung des fiktiven Finanzkapitals, das alle Welt für wirklichen Besitz, wirkliche, unzerstörbare Geldwerte hielt. Aber schon um 1910 erhoben sich einzelne Stimmen, die daran erinnerten, daß die Welt im Begriff sei, mit Erzeugnissen der Industrie einschließlich der industrialisierten Großlandwirtschaft übersättigt zu werden. Es wurde hier und da die Verständigung zwischen den Mächten über eine freiwillige Kontingentierung der Produktion vorgeschlagen. Aber das verhallte in den Wind. Niemand glaubte an ernsthafte Gefahren. Niemand wollte daran glauben. Es war außerdem falsch begründet, von einseitigen Wirtschaftsbetrachtern nämlich, die nur die Wirtschaft wie eine unabhängige Größe sahen und nicht die viel mächtigere Politik der schleichenden Weltrevolution, die sie in falsche Formen und Richtungen gedrängt hatte. Die

Ursachen liegen tiefer, als daß sie durch Nachdenken über Fragen der Konjunktur auch nur berührt worden wären. Und es war bereits zu spät. Noch eine kurze Frist der Selbsttäuschung war gegeben: die Vorbereitung des Weltkrieges, die zahllose Hände in Anspruch nahm oder wenigstens der Produktion entzog, Soldaten der stehenden Heere und Arbeiter für die Herstellung des Kriegsbedarfs.

Dann kam der große Krieg, und mit ihm, nicht von ihm bewirkt, sondern nur nicht länger aufgehalten, der wirtschaftliche Zusammenbruch der weißen Welt. Er wäre auch so gekommen, nur langsamer, in weniger erschreckenden Formen. Dieser Krieg aber wurde von England, der Heimat des praktischen Arbeitersozialismus, von Anfang an geführt, um Deutschland, die jüngste Großmacht, die sich am schnellsten und in überlegenen Formen entwickelnde Wirtschaftseinheit, wirtschaftlich zu vernichten und für immer von der Konkurrenz des Weltmarktes auszuschließen. Je mehr im Chaos der Ereignisse das staatsmännische Denken verschwand und nur militärische und grob wirtschaftliche Tendenzen das Feld beherrschten, desto deutlicher trat überall die düstere Hoffnung zutage, durch den Ruin Deutschlands, dann Rußlands, dann der einzelnen Ententemächte zuletzt die eigene Industrie- und Finanzstellung, und damit den eigenen Arbeiter zu retten. Aber das war gar nicht mehr der eigentliche Beginn der folgenden Katastrophe. Sie entwickelte sich vielmehr aus der Tatsache, daß seit 1916 in allen weißen Ländern, ob sie sich am Kriege beteiligten oder nicht, die Diktatur der Arbeiterschaft gegenüber der Staatsleitung sich durchsetzte, offen oder heimlich, in sehr verschiedenen Formen und Graden, aber mit derselben revolutionären Tendenz. Sie stürzte oder beherrschte alle Regierungen. Sie wühlte in allen Heeren und Flotten. Sie wurde – mit Recht – mehr gefürchtet als der Krieg selbst. Und sie trieb nach seinem Abschluß die Löhne für die niedere Massenarbeit zu einer grotesken Höhe hinauf und setzte gleichzeitig den Achtstundentag durch. Als die Arbeiter aus dem Krieg nach Hause kamen, entstand überall in der Welt trotz der gewaltigen Menschenverluste die bekannte Wohnungsnot, weil das siegreiche Proletariat jetzt nach Art der Bourgeoisie wohnen wollte und das durchgesetzt hat. Sie war das klägliche Symbol des Sturzes aller alten Mächte des Standes und Ranges. Von dieser Seite her wurde die allgemeine Inflation der Staatsfinanzen und Wirtschaftskredite zuerst als das begriffen, was sie war: eine der wirksamsten Formen des Bolschewismus, durch welche die führenden Schichten der Gesellschaft enteignet, ruiniert, proletarisiert und infolge davon aus der leitenden Politik ausgeschaltet wurden. Seitdem beherrscht das niedrige, kurze Denken des gemeinen Mannes, der plötzlich mächtig geworden ist, die Welt. Das – war der Sieg! Die Vernichtung ist vollzogen, die Zukunft ist beinahe hoffnungslos, aber die Rache an der Gesellschaft ist befriedigt. Indessen nun zeigen sich die Dinge, wie sie sind. Die mitleidlose Logik der Geschichte nimmt ihre Rache an den Rächern – dem gemeinen Denken, den Neidischen, den Träumern, den Schwärmern, die für die großen und kalten Tatsachen der Wirklichkeit blind gewesen sind.

Dreißig Millionen weiße Arbeiter sind heute ohne Arbeit, trotz der großen Kriegsverluste, und abgesehen von weiteren Millionen, die nur teilweise beschäftigt sind. Das ist nicht die Folge des Krieges, denn die Hälfte von ihnen lebt in Ländern, die kaum oder gar nicht am Kriege beteiligt waren, nicht die Folge von Kriegsschulden oder verunglückten Währungsmanövern, wie die andern Länder zeigen. Die Arbeitslosigkeit steht überall genau im Verhältnis zur Höhe der politischen Tariflöhne. Sie trifft die einzelnen Länder genau im Verhältnis zur Zahl der weißen Industriearbeiter. In den Vereinigten Staaten sind es zuerst die Angloamerikaner, dann die eingewanderten Ost- und Südeuropäer, bei weitem zuletzt die Neger, deren Arbeit man nicht mehr braucht. Ebenso steht es in Lateinamerika und Südafrika. In Frankreich ist die Zahl vor allem deshalb kleiner, weil die sozialistischen Abgeordneten den Unterschied von Theorie und Praxis kennen und sich so schnell wie möglich der regierenden Hochfinanz verkaufen, statt für ihre Wähler Löhne zu erpressen. Aber in Rußland, Japan, China, Indien gibt es keinen Mangel an Arbeit, weil es keine Luxuslöhne gibt. Die Industrie flüchtet sich zu den Farbigen, und in den weißen Ländern machen sich nur noch die Handarbeit sparenden Erfindungen und Methoden bezahlt, weil sie den Druck der Löhne mindern. Seit Jahrzehnten war die Steigerung der Produktion bei der gleichen Arbeiterzahl durch technische Verfeinerung das letzte Mittel gewesen, diesen Druck zu ertragen. Jetzt ertrug man ihn nicht mehr, weil der Absatz fehlte. Einst waren die Löhne von Birmingham, Essen und Pittsburg das Weltmaß; heute sind es die farbigen von Java, Rhodesia und Peru. Und dazu kommt die Einebnung der vornehmen Gesellschaft der weißen Völker mit ihrem ererbten Reichtum, ihrem langsam herangebildeten Geschmack, ihrem als Vorbild wirkenden Bedürfnis nach echtem Luxus. Der Bolschewismus der vom Neid diktierten Erbschafts- und Einkommensteuern – in England begann er schon vor dem Kriege, – und die Inflationen, die ganze Vermögen in nichts verwandelten, haben gründliche

Arbeit geleistet. Aber dieser echte Luxus hatte die Qualitätsarbeit geschaffen und erhalten und ganze Qualitätsindustrien wachsen lassen und genährt. Er hatte die mittleren Schichten verführt und erzogen, selbst feinere Ansprüche zu stellen. Je größer dieser Luxus, desto blühender die Wirtschaft. Das hatte einst Napoleon begriffen, der sich nicht mit nationalökonomischen Theorien abgab und deshalb das Wirtschaftsleben besser verstand: Von seinem Hofe aus belebte sich die von den Jakobinern zerstörte Wirtschaft wieder, weil sich wieder eine höhere Gesellschaft bildete, nach englischem Vorbild freilich, weil die des ancien régime ausgemordet, ruiniert, in ihren Resten stumpf und verkümmert war. Wenn der in führenden Schichten sich sammelnde Reichtum durch Pöbeleingriffe vernichtet, wenn er verdächtig, geächtet und den Besitzern gefährlich wird, hört der nordische Wille zum Erwerb von Besitz, zur Macht durch Besitz auf, welchen zu schaffen. Der wirtschaftliche – seelische – Ehrgeiz stirbt ab. Der Wettkampf lohnt sich nicht mehr. Man sitzt im Winkel, verzichtet und spart – und am „Sparen“, das immer ein Sparen der Arbeit anderer ist, geht jede hochentwickelte Wirtschaft notwendig zugrunde. Das alles wirkt zusammen. Die niedere weiße Lohnarbeit ist wertlos, die Arbeitermasse auf der nordischen Kohle ist überflüssig geworden. Es war die erste große Niederlage der weißen Völker gegenüber der farbigen Völkermasse der ganzen Welt, zu der die Russen, die Südspanier und Süditaliener, die Völker des Islams ebenso gehören wie die Neger des englischen und die Indianer des spanischen Amerikas. Es war das erste drohende Zeichen dafür, daß die weiße Weltherrschaft vor der Möglichkeit steht, infolge des Klassenkampfes in ihrem Rücken der farbigen Macht zu erliegen.

Und trotzdem wagt es niemand, die wirklichen Gründe und Abgründe dieser Katastrophe zu sehen. Die weiße Welt wird vorwiegend von Dummköpfen regiert – wenn sie regiert wird, woran man zweifeln darf. Um das Krankenbett der weißen Wirtschaft stehen lächerliche Autoritäten, die nicht über das nächste Jahr hinaussehen und die sich aus längst veralteten, „kapitalistischen“ und „sozialistischen“, eng wirtschaftlichen Ansichten heraus um kleine Mittel streiten. Und endlich: Feigheit macht blind. Niemand redet von den Folgen dieser mehr als hundertjährigen Weltrevolution, die aus den Tiefen der weißen Großstädte heraus das Wirtschaftsleben und nicht nur dieses zerstört hat; niemand sieht sie; niemand wagt es, sie zu sehen.

„Der Arbeiter“ ist nach wie vor der Götze aller Welt, und der „Arbeiterführer“ ist jeder Kritik hinsichtlich der Tendenz seines Vorhandenseins enthoben. Man mag noch so lärmend gegen den Marxismus wettern, aus jedem Wort spricht der Marxismus selbst. Seine lautesten Feinde sind von ihm besessen und merken es nicht. Und fast jeder von uns ist in irgendeinem Winkel seines Herzens „Sozialist" oder „Kommunist". Daher die allgemeine Abneigung, die Tatsache des herrschenden Klassenkampfes zuzugeben und die Folgerungen daraus zu ziehen. Statt die Ursachen der Katastrophe rücksichtslos zu bekämpfen, soweit das überhaupt noch möglich ist, sucht man die Folgen, die Symptome zu beseitigen, und nicht einmal zu beseitigen, sondern zu übertünchen, zu verstecken, zu leugnen. Da ist, statt die Betrachtung bei der revolutionären Lohnhöhe zu beginnen, die Vierzigstundenwoche die neue revolutionäre Forderung, ein weiterer Schritt auf marxistischem Wege, eine weitere Kürzung der Leistungen der weißen Arbeiterschaft bei gleichbleibendem Einkommen, also eine weitere Verteuerung der weißen Arbeit, denn daß die politischen Löhne nicht fallen dürfen, wird als selbstverständlich vorausgesetzt. Niemand wagt es, den Arbeitermassen zu sagen, daß ihr Sieg ihre schwerste Niederlage war, daß Arbeiterführer und Arbeiterparteien sie dahin gebracht haben, um ihren eigenen Hunger nach Volkstümlichkeit, nach Macht und nach einträglichen Posten zu stillen, und daß sie noch lange nicht daran denken, ihre Opfer aus der Hand zu lassen und selbst zu verschwinden. Aber inzwischen arbeiten die „Farbigen" billig und lange, bis an die Grenze ihrer Arbeitskraft, in Rußland unter der Knute, anderswo aber schon mit dem stillen Bewußtsein der Macht, die sie damit über die verhaßten Weißen, die Herren von heute – oder von gestern? – in der Hand haben.

Da ist das Schlagwort der „Abschaffung" der Arbeitslosigkeit, der „Arbeitsbeschaffung" – von überflüssiger und zweckloser Arbeit nämlich, da es notwendige, ertragreiche und zweckvolle unter diesen Bedingungen nicht mehr gibt –, und niemand sagt sich, daß die Kosten dieser Produktion ohne Absatz, dieser Potemkinschen Dörfer in einer Wirtschaftswüste, wieder durch den Steuerbolschewismus einschließlich der Herstellung fiktiver Zahlungsmittel von den Resten des gesunden Bauerntums und der städtischen Gesellschaft eingetrieben werden müssen. Da ist das Dumping durch planmäßigen Währungsverfall, wodurch das einzelne Land den Absatz seiner Produkte auf Kosten desjenigen der anderen zu retten sucht – im Grunde eine falsche, billigere Verrechnung der wirklichen Löhne und Herstellungskosten, durch die der Abnehmer betrogen wird und wofür wieder der Rest des Besitzes der übrigen Nation durch Wertverminderung die Kosten trägt. Aber der Sturz des Pfundes, ein gewaltiges Opfer für den englischen Stolz, hat die Zahl der Arbeitslosen auch nicht um einen Mann vermindert. Es gibt nur eine Art von Dumping, die im Wirtschaftsleben natürlich begründet und deshalb erfolgreich ist, die durch billigere Löhne und die größere Arbeitsleistung, und darauf stützt sich die zerstörende Tendenz des russischen Exports und die tatsächliche Überlegenheit der „farbigen“ Produktionsgebiete wie Japan, mögen sie Industrie oder Landwirtschaft treiben und die weiße Produktion durch eigenen Export oder durch Verhinderung des Imports infolge billigerer Selbstversorgung vernichten.

Und endlich erscheint das letzte, verzweifelte Mittel der todkranken Nationalwirtschaften: die Autarkie oder mit welchen großen Worten man sonst dies Verhalten sterbender Tiere bezeichnet, die gegenseitige wirtschaftliche Abschließung auf politischem Wege durch Kampfzölle, Einfuhrverbote, Boykott, Devisensperren und was man sonst noch erfunden hat oder erfinden wird, um den Zustand belagerter Festungen herzustellen, der schon fast einem wirklichen Kriege entspricht und eines Tages die militärisch stärkeren Mächte daran erinnern könnte, mit einem Hinweis auf Tanks und Bombengeschwader die Öffnung der Tore und die wirtschaftliche Kapitulation zu verlangen. Denn, es muß immer wieder gesagt werden: Die Wirtschaft ist kein Reich für sich; sie ist mit der großen Politik unauflöslich verbunden; sie ist ohne starke Außenpolitik nicht denkbar und damit letzten Endes abhängig von der militärischen Macht des Landes, in dem sie lebt oder stirbt.

Aber welchen Sinn hat die Verteidigung einer Festung, wenn der Feind sich darin befindet, der Verrat in Gestalt des Klassenkampfes, der es zweifelhaft erscheinen läßt, wen und was man eigentlich verteidigt? Hier liegen die wirklichen schweren Probleme der Zeit. Die großen Fragen sind dazu da, daß bedeutende Köpfe an ihnen zerbrechen. Wenn man sieht, wie sie überall in der Welt auf kleine Scheinprobleme herabgezogen, herabgelogen werden, damit kleine Menschen sich mit kleinen Gedanken und kleinen Mitteln wichtig tun können – wenn die „Schuld“ an der Wirtschaftskatastrophe beim Krieg und den Kriegsschulden, bei Inflation und Währungsschwierigkeiten gesucht wird und „Wiederkehr der Prosperität“ und „Ende der Arbeitslosigkeit“ Worte für den Abschluß einer ungeheuren welthistorischen Epoche sind, Worte, deren man sich nicht schämt, dann möchte man an der Zukunft verzweifeln. Wir leben in einem der gewaltigsten Zeitalter aller Geschichte und niemand sieht, niemand begreift das. Wir erleben einen Vulkanausbruch ohnegleichen. Es ist Nacht geworden, die Erde zittert und Lavaströme wälzen sich über ganze Völker hin und man ruft nach der Feuerwehr! Aber daran erkennt man den Pöbel, der Herr geworden ist, im Unterschied von den seltenen Menschen, die „Rasse haben“. Die großen Einzelnen sind es, die Geschichte machen. Was „in Masse“ auftritt, kann nur ihr Objekt sein.

18

Diese Weltrevolution ist nicht zu Ende. Sie wird die Mitte, vielleicht das Ende dieses Jahrhunderts überdauern. Sie schreitet unaufhaltsam fort, ihren letzten Entscheidungen entgegen, mit der geschichtlichen Unerbittlichkeit eines großen Schicksals, dem keine Zivilisation der Vergangenheit ausweichen konnte und das alle weißen Völker der Gegenwart seiner Notwendigkeit unterwirft. Wer ihr Ende predigt oder sie besiegt zu haben glaubt, der hat sie gar nicht verstanden. Ihre gewaltigsten Jahrzehnte brechen erst an. Jede führende Persönlichkeit im Zeitalter der gracchischen Revolution, Scipio so gut wie sein Gegner Hannibal, Sulla nicht weniger als Marius, jedes große Ereignis, der Untergang Karthagos, die spanischen Kriege, der Aufstand der italischen Bundesgenossen, Sklavenrevolten von Sizilien bis Kleinasien sind nur Formen, in denen diese tief innerliche Krise der Gesellschaft, das heißt des organischen Baues der Kulturnationen, ihrer Vollendung entgegengeht. Es war im Ägypten der Hyksoszeit, im China der „Kämpfenden Staaten“ und überall sonst in den „gleichzeitigen“ Abschnitten der Geschichte ebenso, wie wenig wir auch davon wissen mögen. Hier sind wir alle ohne Ausnahme Sklaven des „Willens“ der Geschichte, mitwirkende, ausführende Organe eines organischen Geschehens:

Und wer sich vermißt, es klüglich zu wenden,
Der muß es selber erbauend vollenden. (Schiller)

In diesem ungeheuren Zweikampf großer Tendenzen, der sich über die weiße Welt hin in Kriegen, Umstürzen, starken Persönlichkeiten voller Glück und Tragik, gewaltigen Schöpfungen von dennoch flüchtigem Bestande abspielt, erfolgt heute noch die Offensive von unten, von der städtischen Masse her, die Defensive von oben, noch schwächlich und ohne das gute Gewissen ihrer Notwendigkeit. Das Ende wird erst sichtbar werden, wenn das Verhältnis sich umkehrt, und das steht nahe bevor.

Es gibt in solchen Zeiten zwei natürliche Parteien, zwei Fronten des Klassenkampfes, zwei innerliche Mächte und Richtungen, mögen sie sich nennen, wie sie wollen, und nur zwei, gleichviel in welcher Zahl Parteiorganisationen vorhanden sind und ob sie da sind. Die fortschreitende Bolschewisierung der Massen in den Vereinigten Staaten beweist es, der russische Stil in ihrem Denken, Hoffen und Wünschen. Das ist eine „Partei". Noch gibt es kein Zentrum des Widerstandes dagegen in diesem Lande, das kein Gestern und vielleicht kein Morgen hat. Die glänzende Episode der Dollarherrschaft und ihrer sozialen Struktur, mit dem Sezessionskrieg 1865 beginnend, scheint vor dem Ende zu stehen. Wird Chikago das Moskau der Neuen Welt sein? In England hat die Oxford Union Society, der größte Studentenklub der vornehmsten Universität des Landes, mit erdrückender Mehrheit den Beschluß gefaßt: Dies Haus wird unter keinen Umständen für König und Vaterland kämpfen. Das bedeutet das Ende der Gesinnung, die alle Parteibildungen bis dahin beherrscht hatte. Es ist nicht unmöglich, daß die angelsächsischen Mächte im Begriff sind zu vergehen. Und das westeuropäische Festland? Am freiesten von diesem weißen Bolschewismus ist – Rußland, in dem es keine „Partei" mehr gibt, sondern unter diesem Namen eine regierende Horde altasiatischer Art. Hier gibt es auch keinen Glauben mehr an ein Programm, sondern nur noch die Furcht vor dem Tode – durch Entziehung der Lebensmittelkarte, des Passes, durch Verschickung in ein Arbeitslager, durch eine Kugel oder den Strang.

Vergebens bemüht sich die Feigheit ganzer Schichten, für eine versöhnliche „Mitte" gegen „rechts-" und „links"radikale Tendenzen einzutreten. Die Zeit selbst ist radikal. Sie duldet keine Kompromisse. Die Tatsache der bestehenden Übermacht der Linken, der erwachende Wille zu einer Rechtsbewegung, die einstweilen nur in engen Kreisen, in einigen Heeren, unter anderm auch im englischen Oberhaus einen Stützpunkt hat, lassen sich nicht aus der Welt schaffen oder verleugnen. Deshalb ist die liberale Partei Englands verschwunden, und wird ihre Erbin, die Labour Party, in der heutigen Gestalt verschwinden. Deshalb verschwanden die Mittelparteien Deutschlands ohne Widerstand. Der Wille zur Mitte ist der greisenhafte Wunsch nach Ruhe um jeden Preis, nach Verschweizerung der Nationen, nach geschichtlicher Abdankung, mit der man sich einbildet, den Schlägen der Geschichte entronnen zu sein. Der Gegensatz zwischen gesellschaftlicher Rangordnung und städtischer Masse, zwischen Tradition und Bolschewismus, zwischen dem überlegenen Dasein weniger und der niederen, massenhaften Handarbeit oder wie man es nennen will, ist da. Es gibt nichts Drittes. Aber ebenso ist es ein Irrtum, an die

Möglichkeit einer einzigen Partei zu glauben. Parteien sind liberal-demokratische Formen der Opposition. Sie setzen eine Gegenpartei voraus. Eine Partei ist im Staate so unmöglich, wie ein Staat in einer staatenlosen Welt. Die politische Grenze – des Landes oder der Gesinnung – trennt immer zwei Mächte voneinander. Es ist die Kinderkrankheit aller Revolutionen, an eine siegreiche Einheit zu glauben, während das Problem der Zeit, aus dem sie selbst hervorgegangen sind, den Zwiespalt fordert. So werden die großen Krisen der Geschichte nicht gelöst. Sie wollen reifen, um in neue, in neue Kämpfe überzugehen. Der „totale Staat", ein italienisches Schlagwort, das ein internationales Modewort geworden ist, war schon von den Jakobinern verwirklicht – für die zwei Jahre des Terrors nämlich. Aber sobald sie die verfallenen Mächte des ancien régime vernichtet und die Diktatur begründet hatten, spalteten sie sich selbst in Girondisten und Montagnards, und die ersten nahmen den verlassenen Platz ein. Ihre Führer fielen der Linken zum Opfer, aber deren Nachfolger machten es mit der Linken ebenso. Dann, mit dem Thermidor, begann das Warten auf den siegreichen General. Man kann eine Partei als Organisation und Bürokratie von Gehaltsempfängern zerstören, als Bewegung, als seelisch-geistige Macht aber nicht. Der naturnotwendige Kampf wird damit in die übriggebliebene Partei verlegt. Dort bilden sich neue Fronten, um ihn fortzusetzen. Er läßt sich bestreiten und verdecken, aber er ist da.

Das gilt vom Faschismus und von jeder der zahlreichen nach seinem Muster entstandenen oder noch, etwa in Amerika, entstehenden Bewegungen. Hier ist jede einzelne vor eine unvermeidliche Wahl gestellt. Man muß wissen, ob man „rechts" oder „links" steht, mit Entschiedenheit, sonst entscheidet der Gang der Geschichte darüber, der stärker ist als alle Theorie und ideologische Träumerei. Eine Versöhnung ist heute so unmöglich wie im Zeitalter der Gracchen.

Der abendländische Bolschewismus ist nirgends tot außer in Rußland. Wenn man seine Kampforganisationen vernichtet, lebt er in neuen Formen weiter, als linker Flügel der Partei, die ihn besiegt zu haben glaubt, als Gesinnung, über deren Vorhandensein im eigenen Denken einzelne und ganze Massen sich gründlich täuschen können, als Bewegung, die eines Tages plötzlich in organisierten Formen hervorbricht.

Was heißt denn „links"? Schlagworte des vorigen Jahrhunderts wie Sozialismus, Marxismus, Kommunismus sind veraltet; sie sagen nichts mehr. Man gebraucht sie, um sich nicht Rechenschaft darüber ablegen zu müssen, wo man wirklich steht. Aber die Zeit verlangt Klarheit. „Links" ist, was Partei ist, was an Parteien glaubt, denn das ist eine liberale Form des Kampfes gegen die höhere Gesellschaft, des Klassenkampfes seit 1770, der Sehnsucht nach Mehrheiten, nach dem Mitlaufen „aller", Quantität statt Qualität, die Herde statt des Herrn. Aber der echte Cäsarismus aller endenden Kulturen stützt sich auf kleine, starke Minderheiten. Links ist, was ein Programm hat, denn das ist der intellektuelle, rationalistisch-romantische Glaube, die Wirklichkeit durch Abstraktionen bezwingen zu können. Links ist die lärmende Agitation auf dem Straßenpflaster und in Volksversammlungen, die Kunst, die städtische Masse durch starke Worte und mittelmäßige Gründe umzuwerfen: In der Gracchenzeit hat sich die lateinische Prosa zu jenem rhetorischen Stil entwickelt, der zu nichts taugt als zu spitzfindiger Rhetorik und den wir bei Cicero finden. Links ist die Schwärmerei für Massen überhaupt als Grundlage der eigenen Macht, der Wille, das Ausgezeichnete einzuebnen, den Handarbeiter mit dem Volk gleichzusetzen unter verächtlichen Seitenblicken auf Bauern- und Bürgertum.

Eine Partei ist nicht nur eine veraltende Form, sie ruht auch auf der schon veralteten Massenideologie, sie sieht die Dinge von unten, sie läuft dem Denken der meisten nach. „Links" ist zuletzt und vor allem der Mangel an Achtung vor dem Eigentum, obwohl keine Rasse einen so starken Instinkt für Besitz hat wie die germanische, und zwar deshalb, weil sie die willensstärkste aller historischen Rassen gewesen ist. Der Wille zum Eigentum ist der nordische Sinn des Lebens. Er beherrscht und gestaltet unsere gesamte Geschichte von den Eroberungszügen halbmythischer Könige bis in die Form der Familie der Gegenwart hinein, die stirbt, wenn die Idee des Eigentums erlischt. Wer den Instinkt dafür nicht hat, der ist nicht „von Rasse".

Das ist die große Gefahr der Mitte dieses Jahrhunderts, daß man fortsetzt, was man bekämpfen möchte. Es ist das Zeitalter der Zwischenlösungen und Übergänge. Aber solange das möglich ist, ist die Revolution nicht zu Ende. Der Cäsarismus der Zukunft wird nicht überreden, sondern mit der Waffe siegen. Erst wenn das selbstverständlich geworden ist, wenn man die Mehrheit als Einwand empfindet, sie verachtet, wenn jemand die Masse, die Partei in jedem Sinne, alle Programme und Ideologien unter sich sieht, ist die Revolution überwunden. Auch im Faschismus besteht die gracchische Tatsache zweier Fronten – die linke der unteren städtischen Masse und die rechte der gegliederten Nation vom Bauern bis zu den führenden Schichten der Gesellschaft –, aber sie ist durch die napoleonische Energie eines Einzelnen unterdrückt. Aufgehoben ist der Gegensatz nicht und kann es nicht sein, und er wird in schweren Diadochenkämpfen in dem Augenblick wieder zutage treten, wo diese eiserne Hand das Steuer verläßt. Auch der Faschismus ist ein Übergang. Er hat sich von der städtischen Masse her entwickelt, als Massenpartei mit lärmender Agitation und Massenreden. Tendenzen des Arbeitersozialismus sind ihm nicht fremd. Aber solange eine Diktatur „sozialen" Ehrgeiz hat, um des „Arbeiters" willen da zu sein behauptet, auf den Gassen wirbt und populär ist, so lange ist sie Zwischenform. Der Cäsarismus der Zukunft kämpft nur um Macht, für ein Reich und gegen jede Art von Partei.

Jede ideologische Bewegung glaubt an das Endgültige ihrer Leistungen. Sie lehnt den Gedanken ab, daß „nach ihr" die Geschichte weitergehe. Noch fehlt ihr die cäsarische Skepsis und Menschenverachtung, das tiefe Wissen um die Flüchtigkeit aller Erscheinungen. Der schöpferische Gedanke Mussolinis war groß, und er hat eine internationale Wirkung gehabt: Man sah eine mögliche Form, den Bolschewismus zu bekämpfen. Aber diese Form ist in der Nachahmung des Feindes entstanden und deshalb voller Gefahren: Die Revolution von unten, zum Teil von Untermenschen gemacht und mitgemacht, die bewaffnete Parteimiliz – im Rom Cäsars durch die Banden von Clodius und Milo vertreten –, die Neigung, die geistige und wirtschaftliche Führerarbeit der ausführenden Arbeit unterzuordnen, weil man sie nicht versteht, das Eigentum der anderen gering zu achten, Nation und Masse zu verwechseln, mit einem Wort: die sozialistische Ideologie des vorigen Jahrhunderts.

Das alles gehört zur Vergangenheit. Was die Zukunft vorwegnimmt, ist nicht das Dasein des Faschismus als Partei, sondern einzig und allein die Gestalt ihres Schöpfers. Mussolini ist nicht Parteiführer, obwohl er Arbeiterführer war, sondern der Herr seines Landes. Wahrscheinlich wäre sein Vorbild Lenin das auch geworden, wenn er länger gelebt hätte. Die überlegene Rücksichtslosigkeit seiner Partei gegenüber und den Mut, den Rückzug aus aller Ideologie anzutreten, besaß er, Mussolini ist vor allem Staatsmann, eiskalt und skeptisch, Realist, Diplomat. Er regiert wirklich allein. Er sieht alles – die seltenste Fähigkeit bei einem absoluten Herrscher. Selbst Napoleon wurde von seiner Umgebung isoliert. Die schwersten Siege und die notwendigsten, die ein Herrscher erficht, sind nicht die über Feinde, sondern über die eigene Anhängerschaft, die Prätorianer, die „Ras", wie sie in Italien hießen. Damit beweist sich der geborene Herr. Wer das nicht weiß und kann und wagt, schwimmt wie ein Flaschenkork auf der Welle, oben und doch ohne Macht. Der vollendete Cäsarismus ist Diktatur, aber nicht die Diktatur einer Partei, sondern die eines Mannes gegen alle Parteien, vor allem die eigene. Jede revolutionäre Bewegung kommt mit einer Avantgarde von Prätorianern zum Sieg, die dann nicht mehr brauchbar und nur noch gefährlich sind. Der wirkliche Herr zeigt sich in der Art, wie er sie verabschiedet, rücksichtslos, undankbar, nur auf sein Ziel blickend, für das er die richtigen Männer erst zu finden hat und zu finden weiß. Das Gegenteil zeigt die Französische Revolution am Anfang: Niemand hat die Macht, alle wollen sie haben. Jeder befiehlt, und niemand gehorcht.

Mussolini ist ein Herrenmensch wie die Kondottieri der Renaissance, der die südliche Schlauheit der Rasse in sich hat und deshalb das Theater seiner Bewegung vollkommen richtig für den Charakter Italiens – die Heimat der Oper berechnet, ohne je selbst davon berauscht zu sein, wovon Napoleon nicht ganz frei war und woran zum Beispiel Rienzi zugrunde ging. Wenn Mussolini sich auf das preußische Vorbild beruft, so hatte er recht: er ist Friedrich dem Großen näher verwandt, selbst dessen Vater, als Napoleon, um von geringeren Beispielen zu schweigen.

Hier muß endlich das entscheidende Wort über „Preußentum" und „Sozialismus „gesagt werden. Ich hatte 1919 beide verglichen, eine lebendige Idee und das herrschende Schlagwort eines vollen Jahrhunderts, und bin – ich möchte sagen: selbstverständlich – nicht verstanden worden. Man versteht heute nicht mehr zu lesen. Diese große Kunst noch der Goethezeit ist ausgestorben. Man überfliegt Gedrucktes „in Masse", und in der Regel demoralisiert der Leser das Buch. Ich hatte gezeigt, daß in der von Bebel zu einer gewaltigen Armee geschmiedeten Arbeiterschaft, ihrer Disziplin und Gefolgstreue, ihrer Kameradschaft, ihrer Bereitschaft zu den äußersten Opfern jener altpreußische Stil fortlebte, der sich zuerst in den Schlachten des Siebenjährigen Krieges bewiesen hatte. Auf den einzelnen „Sozialisten" als Charakter, auf seine sittlichen Imperative kam es an, nicht auf den in seinen Kopf gehämmerten Sozialismus, dies nichts weniger als preußische Gemisch von dummer Ideologie und gemeiner Begehrlichkeit. Und ich zeigte, daß dieser Typus des In-Form-Seins für eine Aufgabe seine Tradition bis zum Deutschritterorden zurückführt, der in gotischen Jahrhunderten – wie heute wieder – die Grenzwacht der faustischen Kultur gegen Asien hielt. Diese ethische Haltung, unbewußt wie jeder echte Lebensstil und deshalb nur durch lebendiges Vorbild, nicht durch Reden und Schreiben zu wecken und heranzubilden, trat im August 1914 prachtvoll hervor – das Heer hatte Deutschland erzogen – und wurde 1918 von den Parteien verraten, als der Staat erlosch. Seitdem richtete sich das disziplinierte Wollen in der nationalen Bewegung wieder auf, nicht in ihren Programmen und Parteien, sondern in der sittlichen Haltung der besten Einzelnen, und es ist möglich, daß von dieser Grundlage aus das deutsche Volk für die Aufgaben seiner schweren Zukunft langsam und beharrlich erzogen wird, und es ist notwendig, wenn wir nicht in den kommenden Kämpfen zugrunde gehen sollen.

Aber die Flachköpfe kommen nicht aus dem marxistischen Denken des vorigen Jahrhunderts heraus. Sie verstehen überall in der Welt den Sozialismus nicht als sittliche Lebensform, sondern als Wirtschaftssozialismus, als Arbeitersozialismus, als Massenideologie mit materialistischen Zielen. Der Programmsozialismus jeder Art ist Denken von unten, auf gemeinen Instinkten ruhend, Apotheose des Herdengefühls, das sich heute allenthalben hinter dem Schlagwort „Überwindung des Individualismus“ versteckt, und das Gegenteil von preußischem Empfinden, das an vorbildlichen Führern die Notwendigkeit einer disziplinierten Hingabe erlebt hat und damit die innere Freiheit der Pflichterfüllung besitzt, das Sich-selbst-Befehlen, Sich-selbst-Beherrschen im Hinblick auf ein großes Ziel.

Der Arbeitersozialismus in jeder Form dagegen ist – ich habe das schon gezeigt – durchaus englischer Herkunft und zugleich mit der Herrschaft der Aktie als der siegreichen Form des heimatlosen Finanzkapitals um 1840 entstanden. Beides ist Ausdruck des freihändlerischen Manchestertums: Dieser „weiße“ Bolschewismus ist Kapitalismus von unten, Lohnkapitalismus, wie das spekulierende Finanzkapital seiner Methode nach Sozialismus von oben, von der Börse her ist. Beide entstammen derselben geistigen Wurzel, dem Denken in Geld, dem Handel mit Geld auf dem Pflaster der Weltstädte – ob als Lohnhöhe oder Kursgewinn, ist eine Nebenfrage. Zwischen wirtschaftlichem Liberalismus und Sozialismus besteht kein Gegensatz. Der Arbeitsmarkt ist die Börse des organisierten Proletariats. Die Gewerkschaften sind Trusts für Lohnerpressung von derselben Tendenz und Methode wie die Öl-, Stahl- und Banktrusts nach angloamerikanischem Muster, deren Finanzsozialismus die persönlich und fachmännisch geleiteten Einzelunternehmen durchdringt, unterwirft, aussaugt und bis zur planwirtschaftlichen Enteignung beherrscht. Die verheerende, enteignende Eigenschaft der Aktienpakete und Beteiligungen, die Trennung des bloßen „Habens“ von der verantwortlichen Führerarbeit des Unternehmers, der gar nicht mehr weiß, wem eigentlich sein Werk gehört, ist noch lange nicht genug beachtet worden. Die produktive Wirtschaft ist zuletzt nichts als das willenlose Objekt für Börsenmanöver. Erst mit der Herrschaft der Aktie hat die Börse, bis dahin ein bloßes Hilfsmittel der Wirtschaft, die Entscheidung über das Wirtschaftsleben an sich genommen. Diese Finanzsozialisten und Trustmagnaten wie Morgan und Kreuger entsprechen durchaus den Masseführern der Arbeiterparteien und den russischen Wirtschaftskommissaren: Händlernaturen mit dem gleichen Parvenügeschmack. Von beiden Seiten her werden, heute wie zur Gracchenzeit, die konservativen Mächte des Staates, des Heeres, des Eigentums, der Bauer wie der Unternehmer bekämpft.

Aber der preußische Stil fordert nicht nur den Vorrang der großen Politik vor der Wirtschaft, deren Disziplinierung durch einen starken Staat, was die freie Initiative des privaten Unternehmergeistes voraussetzt und nichts weniger ist als parteimäßige, programmatische Organisation und Überorganisation bis zur Aufhebung der Idee des Eigentums, welche gerade unter germanischen Völkern Freiheit des wirtschaftlichen Willens und Herrschaft über das Eigene bedeutet. "Disziplinierung" ist die Schulung eines Rassepferdes durch einen erfahrenen Reiter und nicht die Pressung des lebendigen Wirtschaftskörpers in ein planwirtschaftliches Korsett oder seine Verwandlung in eine taktmäßig klappernde Maschine. Preußisch ist die aristokratische Ordnung des Lebens nach dem Rang der Leistung. Preußisch ist vor allem der unbedingte Vorrang der Außenpolitik, der erfolgreichen Leitung des Staates in einer Welt von Staaten, über die Politik im Innern, die lediglich die Nation für diese Aufgabe in Form zu halten hat und zum Unfug und zum Verbrechen wird, wenn sie unabhängig davon eigene, ideologische Zwecke verfolgt. Hierin liegt die Schwäche der meisten Revolutionen, deren Führer durch Demagogie emporgekommen sind, nichts anderes gelernt haben und deshalb den Weg vom parteimäßigen zum staatsmännischen Denken nicht zu finden wissen – wie Danton und Robespierre. Mirabeau und Lenin starben zu früh, Mussolini ist es geglückt. Aber die Zukunft gehört den großen Tatsachenmenschen, nachdem seit Rousseau Weltverbesserer sich auf der Bühne der Weltgeschichte gespreizt haben und ohne bleibende Spur verschwunden sind.

Preußisch ist endlich ein Charakter, der sich selbst diszipliniert, wie ihn Friedrich der Große besaß und in dem Wort vom ersten Diener seines Staates umschrieben hat. Ein solcher Diener ist kein Bedienter, aber wenn Bebel meinte, daß das deutsche Volk eine Bedientenseele besitze, so hatte er für die meisten recht. Seine eigene Partei bewies es 1918. Die Lakaien des Erfolges sind bei uns zahlreicher als anderswo, obwohl sie zu allen Zeiten und in allen Völkern die menschliche Herde gefüllt haben. Es ist gleichgültig, ob der Byzantinismus seine Orgien vor dem Geldsack, dem politischen Glück, einem Titel oder nur vor Geßlers Hut vollzieht. Als Karl II. in England landete, gab es plötzlich keine Republikaner mehr. Diener des Staates sein ist eine aristokratische Tugend, deren nur wenige fähig sind. Wenn das „sozialistisch" ist, so ist es ein stolzer und exklusiver Sozialismus für Menschen von Rasse, für die Auserwählten des Lebens. Preußentum ist etwas sehr Vornehmes und gegen jede Art von Mehrheit und Pöbelherrschaft gerichtet, vor allem auch gegen die der Masseeigenschaften. Moltke, der große Erzieher des deutschen Offiziers, das größte Beispiel für echtes Preußentum im 19. Jahrhundert, war so. Graf Schlieffen hat seine Persönlichkeit in dem Wahlspruch zusammengefaßt: Wenig reden, viel leisten, mehr sein als scheinen.

Von dieser Idee des preußischen Daseins wird die endliche Überwindung der Weltrevolution ausgehen. Es gibt keine andere Möglichkeit. Ich hatte schon 1919 gesagt: Nicht jeder ist Preuße, der in Preußen geboren ist; dieser Typus ist überall in der weißen Welt möglich, und wirklich, wenn auch noch so selten, vorhanden. Er liegt der vorläufigen Form der nationalen Bewegungen – sie sind nichts Endgültiges – überall zugrunde, und es fragt sich, in welchem Grade es gelingt, ihn von den rasch veraltenden, populären parteimäßig-demokratischen Elementen des liberalen und sozialistischen Nationalismus zu lösen, die ihn einstweilen beherrschen. Das schweigende Nationalgefühl der Engländer um 1900, das heute unsicher geworden ist, der prahlerisch gehaltlose Chauvinismus der Franzosen, der in der Dreyfusaffäre lärmend zutage trat, gehörten dazu, dort am Kultus der Flotte, hier an dem der Armee hängend. Amerika besitzt dergleichen nicht – der hundertprozentige Amerikanismus ist eine Phrase – und es braucht ihn, wenn es die kommende Katastrophe zwischen dem lauernden Kommunismus und der schon untergrabenen Hochfinanz als Nation überhaupt überdauern soll. Die preußische Idee richtet sich gegen den Finanzliberalismus wie gegen den Arbeitersozialismus. Jede Art von Masse und Mehrheit, alles was „links" ist, ist ihr verdächtig. Vor allem richtet sie sich gegen die Schwächung des Staates und seinen herabwürdigenden Mißbrauch für Wirtschaftsinteressen. Sie ist konservativ und „rechts" und wächst aus den Urmächten des Lebens hervor, soweit sie in nordischen Völkern hoch vorhanden sind: dem Instinkt für Macht und Eigentum, für Eigentum als Macht, für Erbe, Fruchtbarkeit und Familie – denn das gehört zusammen –, für Rangunterschiede und gesellschaftliche

Gliederung, deren Todfeind der Nationalismus von 1750 bis 1950 war oder ist. Der Nationalismus der Gegenwart ist mit der in ihm verborgen liegenden monarchischen Gesinnung ein Übergang. Er ist eine Vorstufe des kommenden Cäsarismus, mag der auch in noch so weiter Ferne zu liegen scheinen. Hier regt sich der Ekel an allem liberalen und sozialistischen Parteiwesen, an jeder Art von Volkstümlichkeit, die stets ihr Objekt kompromittiert, an allem, was in Masse auftritt und mitreden will. Dieser Zug, mag er noch so tief unter „zeitgemäßeren" Tendenzen verborgen sein, hat die Zukunft für sich – und die Führer der Zukunft. Alle wirklich großen Führer in der Geschichte gehen nach rechts, mögen sie aus noch so großer Tiefe emporgekommen sein: daran erkennt man den geborenen Herrn und Herrscher. Das gilt von Cromwell und Mirabeau wie von Napoleon. Je reifer die Zeit wird, desto aussichtsvoller ist dieser Weg. Der ältere Scipio ging an dem Konflikt zwischen den Traditionen seiner Herkunft, welche ihm die gesetzlose Diktatur verboten, und der geschichtlichen Stellung, die er durch die Rettung Roms vor der karthagischen Gefahr erhalten hatte, ohne es zu wollen, zugrunde und starb in der Fremde. Damals begann die revolutionäre Bewegung erst die traditionsgesättigten Formen zu untergraben, so daß der jüngere Scipio gegen die Gracchen noch eine schwache, Sulla gegen Marius bereits eine sehr starke Stellung hatte, bis endlich Cäsar, der als Catilinarier begann, keinen parteimäßigen Widerstand mehr fand. Denn die Pompejaner waren keine Partei, sondern der Anhang eines Einzelnen. Die Weltrevolution, so stark sie beginnt, endet nicht in Sieg oder Niederlage, sondern in Resignation der vorwärtsgetriebenen Massen. Ihre Ideale werden nicht widerlegt; sie werden langweilig. Sie bringen zuletzt niemand mehr dazu, sich für sie aufzuregen. Wer vom Ende des „Bürgertums" redet, kennzeichnet sich damit noch als Proletarier. Er hat mit der Zukunft nichts zu schaffen. Eine „nichtbürgerliche" Gesellschaft läßt sich nur durch Terror und nur für ein paar Jahre halten – dann hat man sie satt, abgesehen davon, daß inzwischen die Arbeiterführer zu neuen Bürgern geworden sind. Und das ist nicht der Geschmack von echten Führernaturen.

Der Sozialismus jeder Art ist heute so veraltet wie seine liberalen Ausgangsformen, wie alles, was mit Partei und Programm zusammenhängt. Das Jahrhundert des Arbeiterkultus – 1840 bis 1940 – ist unwiderruflich zu Ende. Wer heute „den Arbeiter" besingt, hat die Zeit nicht verstanden. Der Handarbeiter tritt in das Ganze der Nation zurück, nicht mehr als ihr verwöhntes Schoßkind, sondern als die unterste Stufe der städtischen Gesellschaft. Die vom

Klassenkampf herausgearbeiteten Gegensätze werden wieder zu bleibenden Unterschieden von Hoch und Niedrig, und man gibt sich damit zufrieden. Es ist die Resignation der römischen Kaiserzeit, in der es keine wirtschaftlichen Probleme dieser Art mehr gab. Aber was kann in den letzten Zeiten der sozialistischen Weltanarchie noch zerstört und eingeebnet werden! So viel, daß in manchen weißen Völkern kein Stoff mehr vorhanden sein wird, mit dem ein Cäsar seine Schöpfung aufbauen könnte, sein Heer – denn Heere werden in Zukunft die Parteien ablösen – und seinen Staat. Ist in dem, was sich heute in allen weißen Ländern, die am Kriege beteiligt waren, unklar genug die „Jugend", die „Frontgeneration" nennt, überhaupt schon ein tragfähiges Fundament für solche Männer und Aufgaben der Zukunft vorhanden? Die tiefe Erschütterung durch den großen Krieg, die alle Welt aus den trägen Illusionen von Sicherheit und Fortschritt als dem Sinn der Geschichte herausriß, zeigt sich nirgends deutlicher als in dem seelischen Chaos, das er hinterließ. Daß man sich dessen nicht im geringsten bewußt ist und eine neue Ordnung in sich zu tragen glaubt, beweist sein Vorhandensein mehr als irgend etwas anderes. Den Menschen, die um 1890 geboren sind, hat der Anblick eines wirklich großen Führers gefehlt. Die Gestalten Bismarcks und Moltkes, um von andern Ländern zu schweigen, waren bereits im Nebel einer historischen Literatur verschwunden. Sie hätten ein Maßstab für echte Größe sein können, aber nicht ohne lebendige Gegenwart, und der Krieg hat nicht einen bedeutenden Monarchen, keinen überragenden Staatsmann, keinen siegreichen Schlachtendenker an entscheidender Stelle gezeigt. Alle Denkmäler und Straßennamen helfen darüber nicht hinweg. Die Folge davon war ein völliger Mangel an Autoritätsgefühl, mit dem die Millionen beider Seiten aus den Schützengräben nach Hause kamen. Er zeigte sich in der hemmungslosen jungenhaften Kritik an allem Vorhandenen, Menschen und Dingen, ohne daß vor allem einmal eine Spur von Selbstkritik dagewesen wäre. Man lachte über das Gestern, ohne seine fortbestehende Macht zu ahnen. Er zeigte sich vor allem in der Art, mit der man allenthalben nach Diktaturen eigenen Geschmacks schrie, ohne einen Diktator zu kennen oder anzuerkennen, mit der man Führer heute wählte und anbetete und morgen verwarf – Primo de Rivera, d'Annunzio, Ludendorff –, das Führertum als ein Problem diskutierte, statt bereit zu sein, es als Tatsache hinzunehmen, wenn es einmal da sein sollte. Der politische Dilettantismus führte das große Wort. Jeder schrieb seinem künftigen Diktator vor, was er zu wollen hatte. Jeder forderte Disziplin von den andern, weil er der Selbstdisziplin nicht fähig war. Weil man vergessen hatte, was ein Staatenlenker ist, verfiel man in eine Hysterie der Programme und

Ideale, und erging sich redend und schreibend in wüsten Träumen von dem, was bedingungslos umgestaltet werden sollte – denn daß das möglich war, setzte man als selbstverständlich voraus. Der Mangel an Respekt vor der Geschichte war in keiner Zeit größer als in diesen Jahren. Daß die Geschichte ihre eigene Logik hat, an der alle Programme scheitern, wußte man nicht und wollte man nicht wahrhaben. Aber Bismarck kam zum Ziel, weil er den Gang der Geschichte seines Jahrhunderts begriffen hatte und sich in sie einfügte. Das war große Politik als die Kunst des Möglichen.

Aus dieser „Jugend" aller weißen Länder, welche eine Weltrevolution von zwei Jahrhunderten von unten her „beenden" wollte, weil sie sie nicht begriff, und zwar in der Gestalt des Bolschewismus, von dem sie selbst so viel in sich hatte, erhob sich das typisch revolutionäre Geschrei gegen den „Individualismus", in Deutschland, in England, in Spanien, überall. Sie waren alle selbst kleine Individualisten – sehr kleine, ohne Talent, ohne Tiefe, aber eben deshalb von dem krampfhaften Bedürfnis besessen, recht zu haben – und haßten deshalb die Überlegenheit der größeren, denen wenigstens ein Hauch von Skepsis sich selbst gegenüber nicht fremd war. Alle Revolutionäre sind humorlos – daran scheitern sie alle. Kleiner Eigensinn und Mangel an Humor – das ist die Definition des Fanatismus. Daß Führertum, Autorität, Respekt und „Sozialismus" sich ausschließen, kam ihnen gar nicht zu Bewußtsein. Dieser Antiindividualismus ist die theoretische Mode des Augenblicks, unter den Intellektuellen wider Willen aller weißen Länder, wie es gestern ein Individualismus war, der sich nicht sehr davon unterschied. So kümmerlich diese Art von Geist ist, sie ist das einzige, was sie haben. Es ist Literatentum der großen Städte, nichts anderes, und nichts weniger als neu, denn schon die Jakobiner hatten sich daran müde geredet. Mangel an Intelligenz ist noch keine Überwindung des Rationalismus.

Worin besteht denn der „Sozialismus" dieser Helden, die gegen die Freiheit der Persönlichkeit zu Felde ziehen? Es ist der unpersönliche asiatische Kollektivismus des Ostens, der Geist der großen Ebene, in Verbindung mit der westlichen *levée en masse* von 1792: Was erhebt sich da eigentlich? Die Belanglosen, deren Zahl ihre einzige Macht ist. Es steckt sehr viel unterirdisch Slawisches darin, Reste vorgeschichtlicher Rassen und ihres primitiven Denkens, auch Neid auf das Russentum, dessen unentwickelter Wille es von der Qual der Minderwertigen befreit, etwas zu wollen und nicht zu wissen was, wollen zu müssen und es nicht zu wagen. Wer den Mut nicht hat, Hammer zu sein, findet sich mit der Rolle des Ambosses ab. Sie ist nicht ohne Behagen. Der Drang danach, vom eigenen Wollen erlöst zu sein, in der trägen Mehrheit unterzutauchen, das Glück einer Bedientenseele, die Sorgen des Herrn nicht zu haben – alles das verkleidet sich hier in große Worte. Die Romantik der Belanglosen! Die Apotheose des Herdengefühls! Das letzte Mittel, die eigene Furcht vor Verantwortung zu idealisieren! Dieser Haß gegen den Individualismus aus Feigheit und Scham ist die Karikatur der großen Mystiker des 14. und 15. Jahrhunderts und ihres „Lassens der Ichheit“, wie es in der „Theologie deutsch“ heißt. Es waren starke Seelen, welche damals die ungeheure, echt germanische Einsamkeit des Ichs in der Welt durchlebten und aus ihrer Qual heraus die glühende Sehnsucht empfanden, in dem aufzugehen, was sie Gott oder All oder anders nannten und das sie doch wieder selbst waren. Das starke, unbeugsame Ich war ihr Verhängnis. Jeder Versuch, seine Grenze zu überschreiten, lehrte nur, daß es keine Grenze hatte. Heute kennt man es einfacher: Man wird „Sozialist“ und redet gegen das Ich der andern.

Das eigene Ich macht ihnen keine Beschwerde. Die Einebnung der Gehirne hat sich vollzogen: Man versammelt sich „in Masse“, man will „in Masse“, man denkt „in Masse“. Wer nicht mitdenkt, wer selbst denkt, wird als Gegner empfunden. Die Masse statt der Gottheit ist nun das, worin sich das träge, dumme, an allerlei Hemmungen kranke Ich „versenkt“: Auch das ist „Erlösung“. Es ist beinahe mystisch. Das wußte man schon 1792. Es ist das Bedürfnis des Pöbels, mitzulaufen und mitzutun. Aber der preußische Stil ist ein Entsagen aus freiem Entschluß, das Sichbeugen eines starken Ichs vor einer großen Pflicht und Aufgabe, ein Akt der Selbstbeherrschung und insofern das Höchste an Individualismus, was der Gegenwart möglich ist.

Die keltisch-germanische „Rasse“ ist die willensstärkste, welche die Welt gesehen hat. Aber dies „Ich will“ – Ich will! –, das die faustische Seele bis an den Rand erfüllt, den letzten Sinn ihres Daseins ausmacht und jeden Ausdruck der faustischen Kultur in Denken, Tun, Bilden und Sichverhalten beherrscht, weckte das Bewußtsein der vollkommenen Einsamkeit des Ichs im unendlichen Raum. Wille und Einsamkeit sind im letzten Grunde dasselbe. Daher das Schweigen Moltkes und auf der anderen Seite das Bedürfnis des weicheren, weiblicheren Goethe nach immer wiederholten Bekenntnissen vor einer selbstgewählten Mitwelt, das alle seine Werke durchdringt. Es war die Sehnsucht nach einem Echo aus dem Weltraum, das Leiden einer zarten Seele an dem Monologischen ihres Daseins. Man kann auf die Einsamkeit stolz sein oder an ihr leiden, aber man läuft nicht davon. Der religiöse Mensch der „ewigen Wahrheiten“ – wie

Luther – sehnt sich nach Gnade und Erlösung von diesem Geschick, will sie erkämpfen, selbst ertrotzen. Der politische Mensch des Nordens aber entwickelt daraus einen gigantischen Trotz der Wirklichkeit gegenüber: „Du vertraust mehr auf dein Schwert als auf Thor“ heißt es in einer isländischen Saga. Wenn etwas in der Welt Individualismus ist, so ist es dieser Trotz des Einzelnen gegen die ganze Welt, das Wissen um den eigenen unbeugsamen Willen, die Freude an letzten Entscheidungen und die Liebe zum Schicksal selbst in dem Augenblick, wo man an ihm zerbricht. Und preußisch ist das Sichbeugen aus freiem Willen. Der Wert des Opfers liegt darin, daß es schwer ist. Wer kein Ich zu opfern hat, sollte nicht von Gefolgstreue reden. Er läuft nur hinter jemand her, dem er die Verantwortung aufgeladen hat. Wenn etwas heute in Erstaunen setzen sollte, so ist es die Kümmerlichkeit des sozialistischen Ideals, mit dem man die Welt erlösen möchte. Das ist keine Befreiung von den Mächten der Vergangenheit; es ist die Fortsetzung ihrer schlechtesten Neigungen. Es ist Feigheit dem Leben gegenüber.

Die echte – echt preußische – Gefolgstreue ist das, was die Welt in diesem Zeitalter der großen Katastrophen am nötigsten hat. Man stützt sich nur auf etwas, das Widerstand leistet. An dieser Einsicht bewährt sich der wirkliche Führer. Wer aus der Masse stammt, muß um so besser wissen, daß Masse, Mehrheiten, Parteien keine Gefolgschaft sind. Sie wollen nur Vorteile. Sie lassen den Vorangehenden im Stich, sobald er Opfer verlangt. Wer von der Masse aus denkt und fühlt, wird in der Geschichte nie etwas anderes hinterlassen als den Ruf eines Demagogen. Hier scheiden sich die Wege nach links und rechts: Der Demagoge lebt unter der Masse stets unter seinesgleichen. Der zum Herrschen Geborene kann sie benützen, aber er verachtet sie. Er führt den schwersten Kampf nicht gegen den Feind, sondern gegen den Schwarm seiner allzu ergebenen Freunde.

Deshalb sind Heere und nicht Parteien die künftige Form der Macht, Heere von selbstloser Ergebenheit, wie Napoleon seit Wagram keines mehr besaß: Seine alten Soldaten waren zuverlässig, die höheren Offiziere nicht, und der Wert jedes Heeres bemißt sich zuerst nach diesen. Man sah in ihm nicht den Führenden, sondern den ewig Gebenden. Sobald die geforderten Opfer die Vorteile überwogen, war es mit der Großen Armee zu Ende.

Es wird Zeit, daß die „weiße“ Welt und Deutschland zuerst sich auf solche Tatsachen besinnen. Denn hinter den Weltkriegen und der noch unbeendeten proletarischen Weltrevolution taucht die größte aller Gefahren auf, die farbige, und alles, was in den weißen Völkern noch an „Rasse „ vorhanden ist, wird nötig sein, um ihr zu begegnen. Deutschland vor allem ist keine Insel, wie die politischen Ideologen meinen, die an ihm als Objekt ihre Programme verwirklichen möchten. Es ist nur ein kleiner Fleck in einer großen und gärenden Welt, allerdings in entscheidender Lage. Aber es hat allein das Preußentum als Tatsache in sich. Mit diesem Schatz von vorbildlichem Sein kann es der Erzieher der „weißen“ Welt, vielleicht ihr Retter werden.

Die farbige Weltrevolution

19

Die abendländische Zivilisation dieses Jahrhunderts wird nicht von einer, sondern von zwei Weltrevolutionen größten Ausmaßes bedroht. Sie sind beide noch nicht in ihrem wahren Umfange, ihrer Tiefe und ihren Wirkungen erkannt worden. Die eine kommt von unten, die andere von außen: Klassenkampf und Rassenkampf. Die eine liegt zum großen Teil hinter uns, wenn auch ihre entscheidenden Schläge etwa in der angloamerikanischen Zone wahrscheinlich noch bevorstehen. Die andere hat erst im Weltkrieg mit Entschiedenheit begonnen und gewinnt sehr rasch feste Tendenz und Gestalt. In den nächsten Jahrzehnten werden beide nebeneinander kämpfen, vielleicht als Verbündete: es wird die schwerste Krise sein, durch welche die weißen Völker – ob einig oder nicht – gemeinsam hindurchgehen müssen, wenn sie noch eine Zukunft haben wollen.

Auch die „Revolution von außen“ hat sich gegen jede der vergangenen Kulturen erhoben. Sie ging stets aus dem zähneknirschenden Haß hervor, den die unangreifbare Überlegenheit einer Gruppe von Kulturnationen, welche auf den zur Höhe gereiften politischen, militärischen, wirtschaftlichen und geistigen Formen und Mitteln beruhte, ringsum bei den hoffnungslos Unterlegenen, den „Wilden“ oder „Barbaren“, den rechtlos Ausgebeuteten hervorrief. Dieser Kolonialstil fehlt keiner Hochkultur. Aber ein solcher Haß schloß eine geheime Verachtung der fremden Lebensform nicht aus, die man allmählich kennenlernte, spöttisch durchschaute und zuletzt hinsichtlich der Grenzen ihrer Wirkung abzuschätzen wagte. Man sah, daß sich vieles nachahmen ließ, daß anderes unschädlich gemacht werden konnte oder nicht die Kraft besaß, die man ihm anfangs in starrem Entsetzen zugeschrieben hatte. Man schaute den

Kriegen und Revolutionen innerhalb der Welt dieser Herrenvölker zu, wurde durch zwangsweise Verwendung in die Geheimnisse der Bewaffnung, Wirtschaft und Diplomatie eingeweiht. Man zweifelte endlich an der wirklichen Überlegenheit der Fremden, und sobald man fühlte, daß deren Entschlossenheit zu herrschen nachließ, begann man über einen möglichen Angriff und Sieg nachzudenken. So war es im China des dritten Jahrhunderts v. Chr., wo die Barbarenvölker nördlich und westlich des Hoangho und südlich des Jangtsekiang in die Entscheidungskämpfe der Großmächte hineingezogen wurden, in der arabischen Welt der Abbasidenzeit, wo türkisch-mongolische Stämme erst als Söldner, dann als Herren auftraten, und so war es vor allem in der Antike, wo wir die Ereignisse genau übersehen können, die vollkommen denen gleichen, in die wir unwiderruflich hineinschreiten.

Die Barbarenangriffe auf die antike Welt beginnen mit den Keltenzügen seit 300, die immer wieder gegen Italien erfolgten, wo in der Entscheidungsschlacht bei Sentinum (295) gallische Stämme die Etrusker und Samniten gegen Rom unterstützten und noch Hannibal sich ihrer mit Erfolg bedient hat. Um 280 eroberten andere Kelten Makedonien und Nordgriechenland, wo infolge der innerpolitischen Kämpfe jede staatliche Macht zu existieren aufgehört hatte, und wurden erst vor Delphi aufgehalten. In Thrakien und Kleinasien gründeten sie Barbarenreiche über einer hellenisierten, zum Teil hellenischen Bevölkerung. Etwas später beginnt auch im Osten, in dem zerfallenen Reich Alexanders des Großen, die barbarische Reaktion unter zahllosen Aufständen gegen die hellenische Kultur, die Schritt für Schritt zurückweichen muß, so daß seit 100 etwa Mithridates in Verbindung mit südrussischen „Wilden" (Skythen und Bastarner) und auf das immer stärkere Vordringen der Parther von Ostiran gegen Syrien rechnend hoffen durfte, den im vollen Chaos der Klassenkämpfe befindlichen römischen Staat zu zerstören. Er konnte erst in Griechenland aufgehalten werden. Athen und andere Städte hatten sich ihm angeschlossen, auch keltische Stämme, die noch in Makedonien saßen. In den römischen Heeren herrschte offene Revolution. Die einzelnen Teile kämpften gegeneinander, und die Führer brachten sich gegenseitig um, selbst vor dem Feinde (Fimbria). Damals hörte das römische Heer auf, eine nationale Truppe zu sein, und verwandelte sich in die persönliche Gefolgschaft von einzelnen. Was Hannibal 218 gegen Rom geführt hatte, waren nicht eigentlich Karthager gewesen, sondern überwiegend Leute aus den wilden Stämmen des Atlas und Südspaniens, mit denen Rom dann seit 146 furchtbare und endlose Kämpfe zu führen hatte – die Verluste in diesen Kriegen waren es, die zur Auflehnung des römischen Bauerntums in den gracchischen Unruhen geführt haben – und mit denen der Römer Sertorius später einen gegen Rom gerichteten Staat zu gründen versuchte. Seit 113 erfolgte der keltisch-germanische Angriff der Kimbern und Teutonen, der erst nach der Vernichtung ganzer römischer Heere von dem Revolutionsführer Marius zurückgewiesen werden konnte, nachdem dieser von der Besiegung Jugurthas zurückgekehrt war, der Nordafrika gegen Rom in Waffen gebracht und durch Bestechung der römischen Politiker jahrelang jede Gegenwirkung verhindert hatte. Um 60 begann eine zweite keltisch-germanische Bewegung (Sueven, Helvetier), der Cäsar durch die Eroberung Galliens entgegentrat, während zur selben Zeit Crassus gegen die siegreichen Parther fiel. Aber dann war es mit dem Widerstand durch Ausdehnung zu Ende. Der Plan Cäsars, das Alexanderreich wieder zu erobern und damit die Parthergefahr zu beseitigen, blieb unausgeführt. Tiberius mußte die Grenze in Germanien zurückverlegen, nachdem es nicht gelungen war, die in der Varusschlacht vernichteten Truppen zu ersetzen, und beim Tode des Augustus der erste große Aufstand der Grenzlegionen stattgefunden hatte. Seitdem herrschte ein System der Defensive. Aber die Armee füllte sich mehr und mehr mit Barbaren. Sie wird eine unabhängige Macht. Germanen, Illyrier, Afrikaner, Araber kommen als Führer empor, während die Menschen des Imperiums im Fellachentum eines „ewigen Friedens“ versinken, und als vom Norden und Osten her die großen Angriffe begannen, schloß nicht nur die Zivilbevölkerung Verträge mit den Eindringenden ab und ging freiwillig in ein Untertanenverhältnis zu ihnen über: der späte Pazifismus einer müden Zivilisation.

Aber immerhin war durch Jahrhunderte eine planmäßige Abwehr dieser Zustände möglich, weil der Orbis terrarum des Römischen Reiches ein geschlossenes Gebiet war, das Grenzen hatte, die verteidigt werden konnten. Viel schwerer ist die Lage beim heutigen Imperium der weißen Völker, das die ganze Erdoberfläche umfaßt und die „Farbigen“ einschließt. Die weiße Menschheit hat sich in ihrem unbändigen Drang zur unendlichen Ferne überallhin zerstreut, über Nord- und Südamerika, Südafrika, Australien und über zahllose Stützpunkte dazwischen. Die gelbe, braune, schwarze und rote Gefahr lauert innerhalb des weißen Machtbereiches, dringt in die kriegerischen und revolutionären Auseinandersetzungen zwischen den weißen Mächten ein, beteiligt sich an ihnen und droht die Entscheidung zuletzt selbst in die Hand zu bekommen.

Was alles gehört denn zur „farbigen“ Welt? Nicht nur Afrika, die Indianer – neben Negern und Mischlingen – in ganz Amerika, die islamischen Völker, China, Indien bis nach Java hin, sondern vor allem Japan und Rußland, das wieder eine asiatische, „mongolische“ Großmacht geworden ist. Als die Japaner Rußland besiegten, leuchtete eine Hoffnung über ganz Asien auf: Ein junger asiatischer Staat hatte mit westlichen Mitteln die größte Macht des Westens in die Knie gezwungen und damit den Nimbus der Unüberwindlichkeit zerstört, der „Europa“ umgab. Das wirkte wie ein Signal, in Indien, in der Türkei, selbst im Kapland und in der Sahara: Es war also möglich, den weißen Völkern die Leiden und Demütigungen eines Jahrhunderts heimzuzahlen. Seitdem sinnt die tiefe Schlauheit asiatischer Menschen über Mittel nach, die dem westeuropäischen Denken unzugänglich und überlegen sind. Und nun legte Rußland, nachdem es 1916 von Westen her die zweite entscheidende Niederlage erlitten hatte, nicht ohne die spöttische Befriedigung des verbündeten England, die „weiße“ Maske ab und wurde wieder asiatisch, aus ganzer Seele und mit brennendem Haß gegen Europa. Es nahm die Erfahrungen von dessen innerer Schwäche mit und baute daraus neue, heimtückische Methoden des Kampfes auf, mit denen es die gesamte farbige Bevölkerung der Erde im Gedanken des gemeinsamen Widerstandes durchdrang. Das ist, neben dem Sieg des Arbeitersozialismus über die Gesellschaft der weißen Völker, die zweite wirkliche Folge des Weltkrieges, der von den eigentlichen Problemen der großen Politik keines dem Verstehen nähergebracht und keines entschieden hat. Dieser Krieg war eine Niederlage der weißen Rassen, und der Friede von 1918 war der erste große Triumph der farbigen Welt: Es ist ein Symbol, daß sie im Genfer „Völkerbund“ – der nichts ist als das elende Symbol für schmachvolle Dinge – heute über die Streitfragen der weißen Staaten untereinander mitreden darf.

Daß die Auslandsdeutschen von Farbigen auf englischen und französischen Befehl mißhandelt wurden, war kein Vorgang von überraschender Neuheit. Diese Methode beginnt mit der liberalen Revolution des 18. Jahrhunderts: 1775 haben die Engländer Indianerstämme angeworben, die brennend und skalpierend über die republikanischen Amerikaner herfielen, und es sollte nicht vergessen sein, in welcher Weise die Jakobiner die Neger von Haiti für die „Menschenrechte“ in Bewegung setzten. Aber daß die Farbigen der ganzen Welt in Masse auf europäischem Boden von Weißen gegen Weiße geführt wurden, die

Geheimnisse der modernsten Kriegsmittel und die Grenzen ihrer Wirkung kennenlernten und in dem Glauben nach Hause geschickt wurden, weiße Mächte besiegt zu haben, das hat ihre Anschauung über die Machtverhältnisse der Erde von Grund auf verändert. Sie fühlten ihre gemeinsame Stärke und die Schwäche der andern; sie begannen die Weißen zu verachten wie einst Jugurtha das mächtige Rom. Nicht Deutschland, das Abendland hat den Weltkrieg verloren, als es die Achtung der Farbigen verlor.

Die Tragweite dieser Verschiebung des politischen Schwergewichts ist zuerst in Moskau begriffen worden. In Westeuropa begreift man sie noch heute nicht. Die weißen Herrenvölker sind von ihrem einstigen Rang herabgestiegen. Sie verhandeln heute, wo sie gestern befahlen, und werden morgen schmeicheln müssen, um verhandeln zu dürfen. Sie haben das Bewußtsein der Selbstverständlichkeit ihrer Macht verloren und merken es nicht einmal. Sie haben in der „Revolution von außen" die Wahl der Stunde aus der Hand gegeben, an Amerika und vor allem an Asien, dessen Grenze heute an der Weichsel und den Karpathen liegt. Sie sind seit der Belagerung Wiens durch die Türken zum erstenmal wieder in die Verteidigung gedrängt worden, und werden große Kräfte, seelisch wie militärisch, in der Hand sehr großer Männer aufbringen müssen, wenn sie den ersten gewaltigen Sturm überstehen wollen, der nicht lange auf sich warten lassen wird.

In Rußland sind 1917 beide Revolutionen, die weiße und die farbige, zugleich ausgebrochen. Die eine, flach, städtisch, der Arbeitersozialismus mit dem westlichen Glauben an Partei und Programm, von Literaten, akademischen Proletariern und nihilistischen Hetzern vom Schlage Bakunins im Verein mit der Hefe der großen Städte gemacht, rhetorisch und literarisch durch und durch, schlachtete die petrinische Gesellschaft von großenteils westlicher Herkunft ab und setzte einen lärmenden Kultus „des Arbeiters" in Szene. Die Maschinentechnik, der russischen Seele so fremd und verhaßt, war plötzlich eine Gottheit und der Sinn des Lebens geworden. Darunter aber, langsam, zäh, schweigend, zukunftsreich, begann die andere Revolution des Muschiks, des Dorfes, der eigentlich asiatische Bolschewismus. Der ewige Landhunger des Bauern, der die Soldaten von der Front trieb, um die große Landverteilung mitzumachen, war ihr erster Ausdruck. Der Arbeitersozialismus hat die Gefahr sehr bald erkannt. Nach anfänglichem Bündnis begann er mit dem Bauernhaß aller städtischen Parteien, ob liberal oder sozialistisch, den Kampf gegen dies konservative Element, das stets in der Geschichte alle politischen, sozialen und wirtschaftlichen Bildungen in den Städten überdauert hat. Er enteignete den Bauern, führte die tatsächliche Leibeigenschaft und Fronarbeit, die Alexander II. seit 1862 aufgehoben hatte, wieder ein und brachte es durch feindselige und bürokratische Verwaltung der Landwirtschaft – jeder Sozialismus, der von der Theorie zur Praxis übergeht, erstickt sehr bald in Bürokratie – dahin, daß heute die Felder verwildert sind, der Viehreichtum der Vergangenheit auf einen Bruchteil zusammengeschmolzen und die Hungersnot asiatischen Stils ein Dauerzustand geworden ist, den nur eine willensschwache, zum Sklavendasein geborene Rasse erträgt.

Aber der „weiße“ Bolschewismus ist hier rasch im Schwinden begriffen. Man wahrt nur noch das marxistische Gesicht nach außen, um in Südasien, Afrika, Amerika den Aufstand gegen die weißen Mächte zu entfesseln und zu leiten. Eine neue, asiatischere Schicht von Regierenden hat die halbwestliche abgelöst. Sie wohnt wieder in den Villen und Schlössern rings um Moskau, hält sich Dienerschaft und wagt es bereits, einen barbarischen Luxus zu entfalten im Geschmack der beutereichen Mongolenkhane des 14. Jahrhunderts. Es gibt einen „Reichtum“ in neuer Form, der sich mit proletarischen Begriffen umschreiben läßt.

Man wird auch zum bäuerlichen Eigentum, zum Privateigentum überhaupt zurückkehren, was die Tatsache der Leibeigenschaft nicht ausschließt, und kann das, denn das Heer hat die Macht, nicht mehr die zivile „Partei“. Der Soldat ist das einzige Wesen, das in Rußland nicht hungert, und er weiß warum und wie lange. Diese Macht ist von außen unangreifbar infolge der geographischen Weite des Reiches, aber sie greift selbst an. Sie hat Söldner und Verbündete überall in der Welt, verkleidet wie sie selbst. Ihre stärkste Waffe ist die neue, revolutionäre, echt asiatische Diplomatie, die handelt statt zu verhandeln, von unten und hinten, durch Propaganda, Mord und Aufstand, und die damit der großen Diplomatie der weißen Länder weit überlegen ist, die ihren alten aristokratischen Stil, der aus dem Eskorial stammt und dessen letzter großer Meister Bismarck gewesen ist, selbst durch politisierende Advokaten und Journalisten noch nicht ganz verloren hat.

Rußland ist der Herr Asiens. Rußland ist Asien. Japan gehört nur geographisch dazu. Seiner „Rasse“ nach steht es den östlichsten Malayen, den Polynesiern und manchen Indianervölkern der Westseite Amerikas zweifellos näher. Aber es ist zur See, was Rußland zu Lande ist: Herr eines weiten Gebietes, in dem abendländische Mächte keine Geltung mehr besitzen. England ist nicht entfernt in demselben Grade Herr in „seinem“ Empire, nicht einmal in den farbigen Kronkolonien. Japan dehnt seinen Einfluß weithin aus. Es hat ihn in Peru und am Panamakanal. Die angebliche Blutsverwandtschaft zwischen Japanern und Mexikanern ist auf beiden Seiten gelegentlich betont und gefeiert worden. In Mexiko entstand Anfang 1914 in führenden indianischen Kreisen der „Plan von San Diego“, wonach eine Armee von Indianern, Negern und Japanern in Texas und Arizona einbrechen sollte. Die weiße Bevölkerung sollte massakriert, die Negerstaaten selbständig werden und ein größeres Mexiko als rein indianischer Rassestaat entstehen. Wäre der Plan zur Ausführung gekommen, so hätte der Weltkrieg mit einer ganz andern Verteilung der Mächte und auf Grund andrer Probleme begonnen. Die Monroedoktrin in Gestalt des Dollarimperialismus mit ihrer Spitze gegen Lateinamerika wäre damit vernichtet worden. Rußland und Japan sind heute die einzigen aktiven Mächte der Welt. Durch sie ist Asien das entscheidende Element des Weltgeschehens geworden. Die weißen Mächte handeln unter seinem Druck und merken es nicht einmal.

Dieser Druck besteht in der Tätigkeit der farbigen, rassemäßigen Revolution, welche sich der weißen des Klassenkampfes bereits als Mittel bedient. Von den Hintergründen der Wirtschaftskatastrophe ist schon gesprochen worden. Nachdem die Revolution von unten in Gestalt des Arbeitersozialismus durch die politischen Löhne Bresche gelegt hatte, drang die farbige Wirtschaft, von Rußland und Japan geführt, mit der Waffe niedriger Löhne ein und ist im Begriff, die Zerstörung zu vollenden. Dazu tritt aber die politisch-soziale Propaganda in ungeheurem Ausmaß, die eigentlich asiatische Diplomatie dieser Tage. Sie durchdringt ganz Indien und China. Sie hat auf Java und Sumatra zur Aufrichtung einer Rassefront gegen die Holländer und zur Zersetzung von Heer und Flotte geführt. Sie wirbt von Ostasien her um die sehr begabte indianische Rasse von Mexiko bis Chile und sie erzieht den Neger zum erstenmal zu einem Gemeinschaftsgefühl, das sich gegen die weißen Herrenvölker richtet.

Auch hier hat die weiße Revolution seit 1770 der farbigen den Boden bereitet. Die englisch-liberale Literatur von Mill und Spencer, deren Gedankengänge bis ins 18. Jahrhundert zurückreichen, liefert die „Weltanschauung“ an den höheren Schulen Indiens. Den Weg von dort zu Marx finden dann die jungen Reforminder selbst. Der chinesische Revolutionsführer Sunyatsen hat ihn in Amerika gefunden. Daraus ist eine eigene Revolutionsliteratur entstanden, die in ihrem Radikalismus Marx und Borodin weitaus in den Schatten stellt.

Die Unabhängigkeitsbewegung des spanischen Amerika seit Bolivar (1811) ist ohne die englisch-französische Revolutionsliteratur von 1770 und das Vorbild Napoleons nicht zu denken, so wenig wie die nordamerikanische gegen England. Ursprünglich war das ein Kampf ausschließlich zwischen Weißen – der kreolischen, grundbesitzenden Aristokratie, die seit Generationen im Lande lebte, und der spanischen Beamtenschaft, die das koloniale Herrenverhältnis aufrechterhielt. Bolivar, ein reinblütiger Weißer wie Miranda und San Martin, hatte den Plan, eine Monarchie zu errichten, die von einer rein weißen Oligarchie gestützt werden sollte. Noch der argentinische Diktator Rosas – eine mächtige Gestalt „preußischen" Stils – vertrat diese Aristokratie gegen das Jakobinertum, das sehr bald von Mexiko bis zum äußersten Süden auftrat, in den kirchenfeindlichen Freimaurerklubs seine Stütze fand und die allgemeine Gleichheit, auch der Rassen, forderte: Damit begann die Bewegung der rein- und halbblütigen Indianer nicht nur gegen Spanien, sondern gegen das weiße Blut überhaupt. Sie ist unablässig fortgeschritten und steht heute nahe am Ziel. A. v. Humboldt schon hatte hier den Stolz auf die rein iberische Abkunft bemerkt, und noch heute lebt in den vornehmen Geschlechtern Chiles die Tradition der Herkunft von Westgoten und Basken fort. Aber in der Anarchie, die seit der Mitte des 19. Jahrhunderts herrschend wurde, ist diese Aristokratie zum großen Teil zugrunde gegangen oder nach Europa zurückgewandert. Die „caudillos", kriegerische Demagogen aus der farbigen Bevölkerung, beherrschen die Politik. Darunter sind reinblütige Indianer von sehr großen Anlagen wie Juarez und Porfirio Diaz. Heute beträgt die weiße oder sich für weiß haltende Oberschicht, von Argentinien abgesehen, ein Viertel bis ein Zehntel der Bevölkerung. In manchen Staaten sind die Ärzte, Advokaten, Lehrer, sogar die Offiziere fast ausschließlich Indianer und fühlen sich dem Mischlingsproletariat der Städte, dem Mechopelo, im Haß gegen den weißen Besitz verwandt, ob er sich nun in kreolischen, englischen oder nordamerikanischen Händen befindet. In Peru, Bolivia und Ecuador ist das Aymara die zweite Verwaltungs- und Unterrichtssprache. Man treibt mit Betonung einen Kult mit dem angeblichen Kommunismus der Inkas und wird darin von Moskau unterstützt. Das Rasseideal einer reinen Indianerherrschaft steht vielleicht dicht vor seiner Verwirklichung.

In Afrika ist es der christliche Missionar, vor allem der englische Methodist, der in aller Unschuld – mit seiner Lehre von der Gleichheit aller Menschen vor Gott und der Sünde des Reichseins – den Boden pflügt, auf dem der bolschewistische Sendbote sät und erntet. Außerdem folgt von Norden und Osten her, heute schon gegen den Sambesi vordringend (Nyassaland), der islamische Missionar seinen Spuren mit weit größerem Erfolg. Wo gestern eine christliche Schule stand, steht morgen eine Moscheehütte. Der kriegerische, männliche Geist dieser Religion ist dem Neger verständlicher als die Lehre vom Mitleid, die ihm nur die Achtung vor den Weißen nimmt; und vor allem ist der christliche Priester verdächtig, weil er ein weißes Herrenvolk vertritt, gegen das sich die islamische Propaganda, mehr politisch als dogmatisch, mit kluger Entschiedenheit richtet.

Diese farbige Gesamtrevolution der Erde schreitet unter sehr verschiedenen Tendenzen vor, nationalen, wirtschaftlichen, sozialen; sie richtet sich öffentlich bald gegen weiße Regierungen von Kolonialreichen (Indien) oder im eigenen Lande (Kapland), bald gegen eine weiße Oberschicht (Chile), bald gegen die Macht des Pfundes oder Dollars, eine fremde Wirtschaft überhaupt, auch gegen die eigene Finanzwelt, weil sie mit der weißen Geschäfte macht (China), gegen die eigene Aristokratie oder Monarchie; religiöse Momente treten hinzu: der Haß gegen das Christentum oder gegen jede Art von Priestertum und Orthodoxie überhaupt, gegen Sitte und Brauch, Weltanschauung und Moral. Aber in der Tiefe liegt seit der Taipingrevolution in China, dem Sepoyaufstand in Indien, dem der Mexikaner gegen Kaiser Maximilian überall ein und dasselbe: der Haß gegen die weiße Rasse und der unbedingte Wille, sie zu vernichten. Es ist dabei gleichgültig, ob uralte müde Zivilisationen wie die indische und chinesische ohne fremde Herrschaft fähig sind, Ordnung zu halten; es kommt nur darauf an, ob sie imstande sind, das weiße Joch abzuwerfen, und das ist der Fall. Wer unter den farbigen Mächten der nächste Herr ist, ob Rußland, ob Japan, ob ein großer Abenteurer mit einem Heerhaufen hinter sich, gleichviel von welcher Herkunft, das wird später oder auch gar nicht entschieden. Die altägyptische Zivilisation hat seit 1000 v. Chr. sehr viele Herren gewechselt – Libyer, Assyrer, Perser, Griechen, Römer –, sie war zur Selbstregierung nie wieder fähig, aber immer wieder zu einem siegreichen Aufstand. Und ob von den vielen andern Zielen auch nur eines verwirklicht wird oder werden kann, das ist zunächst vollkommen Nebensache. Die große geschichtliche Frage ist, ob der Sturz der weißen Mächte gelingt oder nicht. Und darüber hat sich eine schwerwiegende Einheit des Entschlusses ausgebildet, die zu denken gibt. Und was besitzt die weiße Welt an Kräften des seelischen und materiellen Widerstandes gegen diese Gefahr?

Sehr wenig, wie es zunächst scheint. Auch ihre Völker sind an der Kultur müde geworden. Im Feuer der hohen Form und im Ringen nach innerer Vollendung hat sich die seelische Substanz verzehrt. Vielfach ist nur noch Glut, oft nur Asche übrig, aber das gilt nicht überall. Je weniger ein Volk in den Wirbel vergangener Geschichte führend hineingezogen wurde, desto mehr Chaos, das Form werden kann, hat es bewahrt. Und wenn der Sturm großer Entscheidungen darüber hinbraust, wie 1914, schlagen die verborgenen Funken plötzlich als Flammen empor. Gerade in der germanischen Rasse, der willensstärksten, die es je gegeben hat, schlafen noch große Möglichkeiten.

Aber wenn hier von Rasse die Rede ist, so ist das nicht in dem Sinne gemeint, wie er heute unter Antisemiten in Europa und Amerika Mode ist, darwinistisch, materialistisch nämlich. Rassereinheit ist ein groteskes Wort angesichts der Tatsache, daß seit Jahrtausenden alle Stämme und Arten sich gemischt haben, und daß gerade kriegerische, also gesunde, zukunftsreiche Geschlechter von jeher gern einen Fremden sich eingegliedert haben, wenn er „von Rasse" war, gleichviel zu welcher Rasse er gehörte. Wer zuviel von Rasse spricht, der hat keine mehr. Es kommt nicht auf die reine, sondern auf die starke Rasse an, die ein Volk in sich hat.

Das zeigt sich zunächst in der selbstverständlichen, elementaren Fruchtbarkeit, dem Kinderreichtum, den das geschichtliche Leben verbrauchen kann, ohne ihn je zu erschöpfen. Gott ist nach dem bekannten Worte Friedrichs des Großen immer bei den stärkeren Bataillonen – das zeigt sich gerade hier. Die Millionen Gefallener des Weltkrieges waren rassemäßig das Beste, was die weißen Völker hatten, aber die Rasse beweist sich darin, wie schnell sie ersetzt werden können. Ein Russe sagte mir: „Was wir in der Revolution geopfert haben, bringt das russische Weib in zehn Jahren wieder ein." Das ist der richtige Instinkt. Solche Rassen sind unwiderstehlich. Die triviale Lehre von Malthus, die Unfruchtbarkeit als Fortschritt zu preisen, die heute in allen weißen Ländern gepredigt wird, beweist nur, daß diese Intellektuellen ohne Rasse sind, ganz abgesehen von der nachgerade trottelhaften Meinung, daß Wirtschaftskrisen durch Bevölkerungsschwund beseitigt werden könnten. Das Gegenteil ist der Fall. Die „starken Bataillone", ohne die es keine große Politik gibt, geben auch dem Wirtschaftsleben Schutz, Kraft und inneren Reichtum.

Das Weib von Rasse will nicht „Gefährtin“ oder „Geliebte“ sein, sondern Mutter, und nicht die Mutter eines Kindes als Spielzeug und Zeitvertreib, sondern vieler: Im Stolz auf den Kinderreichtum, im Gefühl, daß Unfruchtbarkeit der härteste Fluch ist, der ein Weib und durch sie das Geschlecht treffen kann, redet der Instinkt von starken Rassen. Aus ihm stammt die Ureifersucht, mit der ein Weib dem andern den Mann zu entreißen sucht, den es selbst als Vater seiner Kinder besitzen will. Die geistigere Eifersucht der großen Städte, die wenig mehr ist als erotischer Appetit und den anderen Teil als Genußmittel wertet, das bloße Nachdenken über die gewünschte oder gefürchtete Kinderzahl verrät schon den erlöschenden Trieb der Rasse zur Dauer, der sich nicht durch Reden und Schreiben wieder erwecken läßt. Die Urehe – oder was alte Volkssitte sonst an tiefverwurzelten Bräuchen kennt, um die Zeugung zu heiligen – ist nichts weniger als sentimental. Der Mann will tüchtige Söhne haben, die seinen Namen und seine Taten über den eigenen Tod hinaus in die Zukunft dauern und wachsen lassen, wie er selbst sich als Erbe des Rufes und des Wirkens seiner Ahnen fühlt. Das ist die nordische Idee der Unsterblichkeit. Eine andere haben diese Völker nicht gekannt und nicht gewollt. Darauf beruht die gewaltige Sehnsucht nach Ruhm, der Wunsch, in einem Werk unter den Nachkommen fortzuleben, seinen Namen auf Denkmäler verewigt zu sehen oder zum mindesten ein ehrenvolles Gedächtnis zu erhalten. Deshalb ist der Erbgedanke von der germanischen Ehe nicht zu trennen. Wenn die Idee des Eigentums verfällt, löst sich der Sinn der Familie in nichts auf. Wer sich gegen die eine wendet, greift auch die andere an. Der Erbgedanke, der am Dasein jedes Bauernhofes, jeder Werkstatt, jeder alten Firma haftet, an ererbten Berufen, und in der Erbmonarchie seinen höchsten symbolischen Ausdruck gefunden hat, bürgt für die Stärke des Rasseinstinktes. Der Sozialismus greift ihn nicht nur an, sondern ist durch sein bloßes Vorhandensein schon ein Zeichen für dessen Niedergang.

Aber der Verfall der weißen Familie, der unentrinnbare Ausdruck großstädtischen Daseins, greift heute um sich und verzehrt die „Rasse“ der Nationen. Der Sinn von Mann und Weib geht verloren, der Wille zur Dauer. Man lebt nur noch für sich selbst, nicht für die Zukunft von Geschlechtern. Die Nation als Gesellschaft, ursprünglich das organische Geflecht von Familien, droht sich von der Stadt her in eine Summe privater Atome aufzulösen, deren jedes aus seinem und dem fremden Leben die größtmögliche Menge von Vergnügen – *panem et circenses* – ziehen will. Die Frauenemanzipation der Ibsenzeit will nicht die Freiheit vom Mann, sondern vom Kinde, von der Kinderlast, und die gleichzeitige Männeremanzipation die von den Pflichten für Familie, Volk und Staat. Die gesamte liberal-sozialistische Problemliteratur bewegt sich um diesen Selbstmord der weißen Rasse. Es war in allen anderen Zivilisationen ebenso.

Die Folgen liegen vor unseren Augen. Die farbigen Rassen der Welt waren bisher doppelt so stark wie die weißen. Aber um 1930 hatte Rußland einen jährlichen Geburtenüberschuß von 4, Japan von 2 Millionen, Indien hat 1921 – 31 um 34 Millionen zugenommen. In Afrika werden die Neger bei ihrer ungeheuren Fruchtbarkeit sich noch gewaltiger vermehren, seitdem die europäische Medizin dort „eingebrochen" ist und die starke Auslese durch Krankheiten verhindert. Demgegenüber haben Deutschland und Italien einen Geburtenüberschuß von weniger als einer halben Million, England, das Land der öffentlich empfohlenen Geburteneinschränkung, weniger als die Hälfte davon, Frankreich und das alteingesessene Yankeetum der Vereinigten Staaten keinen mehr. Das letztere, die bisher herrschende „Rasse" germanischer Prägung, schwindet seit Jahrzehnten rasch dahin. Die Zunahme der Bevölkerung liegt ganz auf Seiten der Neger und der seit 1900 eingewanderten Ost- und Südeuropäer. In Frankreich haben manche Departements seit 50 Jahren über ein Drittel der Bevölkerung verloren. In einzelnen ist die Geburtenzahl um die Hälfte niedriger als die der Todesfälle. Einige kleine Städte und viele Dörfer stehen fast leer. Von Süden her dringen Katalonen und Italiener als Bauern ein, Polen und Neger überall sogar in den Mittelstand. Es gibt schwarze Geistliche, Offiziere und Richter. Diese Zugewanderten, weit über ein Zehntel der Einwohnerschaft, halten mit ihrer Fruchtbarkeit allein die Kopfzahl der „Franzosen" annähernd auf der gleichen Höhe. Aber der echte Franzose wird in absehbarer Zeit nicht mehr Herr in Frankreich sein. Die scheinbare Zunahme der weißen Gesamtbevölkerung der ganzen Erde, so gering sie im Verhältnis zum Anschwellen der Farbigen ist, beruht auf einer vorübergehenden Täuschung: Die Zahl der Kinder wird immer kleiner, und nur die Zahl der Erwachsenen nimmt zu, nicht weil es mehr sind, sondern weil sie länger leben.

Aber zu einer starken Rasse gehört nicht nur eine unerschöpfliche Geburtenzahl, sondern auch eine harte Auslese durch die Widerstände des Lebens, Unglück, Krankheit und Krieg. Die Medizin des 19. Jahrhunderts, ein echtes Produkt des Nationalismus, ist von dieser Seite her betrachtet ebenfalls eine Alterserscheinung. Sie verlängert jedes Leben, ob es lebenswert ist oder nicht. Sie verlängert sogar den Tod. Sie ersetzt die Zahl der Kinder durch die Zahl der Greise. Sie kommt der Weltanschauung des *panem et circenses* entgegen, indem sie den Wert des Lebens am Quantum der Lebenstage mißt und nicht nach deren Gehalt. Sie verhindert die natürliche Auslese und steigert dadurch den Rasseverfall. Die Zahl der unheilbar Geisteskranken ist in England und Wales seit 20 Jahren von 4,6 auf 8,6 vom Tausend gestiegen. In Deutschland beträgt die Zahl der geistig Minderwertigen fast eine halbe, in den Vereinigten Staaten weit über eine Million. Nach einem Bericht des früheren Präsidenten Hoover haben von den Jugendlichen Amerikas 1+360 000 Sprach- und Gehörfehler, 1 000 000 Herzleiden, 875 000 sind schwer erziehbar oder verbrecherisch, 450 000 geistig minderwertig, 300 000 Krüppel, 60 000 blind. Aber dazu kommt die ungeheure Menge der geistig, seelisch und leiblich Unnormalen jeder Art, der Hysterischen, Seelen- und Nervenkranken, die gesunde Kinder weder zeugen noch gebären können. Ihre Zahl läßt sich nicht erfassen, aber sie geht aus der Zahl der Ärzte hervor, die davon leben, und der Masse von Büchern, die darüber geschrieben werden. Aus solchem Nachwuchs entwickeln sich das revolutionäre Proletariat mit dem Haß der Schlechtweggekommenen, und der Salonbolschewismus der Ästheten und Literaten, die den Reiz solcher Seelenverfassungen genießen und verkünden.

Es ist eine bekannte Tatsache, daß bedeutende Menschen selten erste und fast nie einzige Kinder sind. Die kinderarme Ehe richtet sich nicht nur gegen die Quantität, sondern vor allem auch gegen die Qualität der Rasse. Was ein Volk ebenso nötig braucht wie gesunde Rasse in sich selbst, ist das Vorhandensein einer Auslese von Überlegenen, die es führen. Eine Auslese, wie sie der englische Kolonialdienst und das preußische Offizierskorps – auch die katholische Kirche – heranbildeten, indem sie unerbittlich und ohne Rücksicht auf Geld und Abkunft nur die sittliche Haltung und die Bewährung in schwierigen Lagen gelten ließen, wird aber unmöglich, wenn das vorhandene Material nirgends über den Durchschnitt hinausragt. Die Auslese des Lebens muß vorangegangen sein; dann erst kann die des Standes erfolgen. Ein starkes Geschlecht hat starke Eltern nötig. Etwas vom Barbarentum der Urzeit muß noch im Blute liegen, unter der Formenstrenge alter Kultur, das in schweren Zeiten hervorbricht, um zu retten und zu siegen.

Dies Barbarentum ist das, was ich starke Rasse nenne, das Ewig-Kriegerische im Typus des Raubtieres Mensch. Es scheint oft nicht mehr da zu sein, aber es liegt sprungbereit in der Seele. Eine starke Herausforderung, und es hat den Feind unter sich. Es ist nur dort erstorben, wo der Pazifismus der späten Städte seinen Schlamm über die Generationen wälzt, den müden Wunsch nach Ruhe um jeden Preis, ausgenommen den des eigenen Lebens. Das ist die seelische Selbstentwaffnung nach der leiblichen durch Unfruchtbarkeit.

Warum ist das deutsche Volk das unverbrauchteste der weißen Welt und also das, worauf man am stärksten hoffen darf? Weil seine politische Vergangenheit ihm keine Gelegenheit gab, sein wertvollstes Blut und seine großen Begabungen zu verschwenden. Es ist der einzige Segen unserer elenden Geschichte seit 1500. Sie hat mit uns gespart. Sie machte uns zu Träumern und Theoretikern in Dingen der großen Politik, weltfremd und blind, eng, zänkisch und provinzial, aber das läßt sich überwinden. Es war kein organischer Fehler, kein angeborener Mangel an Fähigkeiten, wie die Kaiserzeit beweist. Das tüchtige Blut, die Grundlage auch der geistigen Überlegenheit jeder Art, war da und blieb erhalten. Die große Geschichte ist anspruchsvoll. Sie verzehrt die rassenmäßig besten Elemente. Sie hat das Römertum in ein paar Jahrhunderten verzehrt. Als mit der Entdeckung Amerikas die nordische Völkerwanderung, die tausend Jahre vorher in Südeuropa zum Stillstand gekommen war, in großem Stile wieder begann und sich über die Meere hin fortsetzte, gingen die kraftvollen Geschlechter Spaniens von großenteils nordischer Abkunft nach drüben, wo sie kämpfen, wagen und herrschen konnten. Die wertvollste Aristokratie spanischer Prägung saß um 1800 dort, und das starke Leben erlosch im Mutterlande. Ebenso hat sich die zum Herrschen berufene Oberschicht Frankreichs an der großen Politik seit Ludwig XIII. und nicht nur an ihr verbraucht – auch die hohe Kultur bezahlt sich teuer – und noch mehr die angelsächsische am englischen Weltreich. Was hier an überlegenen Geschlechtern vorhanden war, sandte die Männer nicht in die Kontore und kleinen Ämter der heimatlichen Insel. Sie folgten dem Wikingerdrang nach einem Leben in Gefahr und gingen überall in der Welt in zahllosen Abenteuern und Kriegen zugrunde, wurden vom Klima verdorben oder blieben in der Ferne, wo sie zum Beispiel in Nordamerika die Grundlage einer neuen Herrenschicht gebildet haben. Was übrig blieb, wurde „konservativ“, das bedeutet hier: unschöpferisch, müde, voll von unfruchtbarem Haß gegen alles Neue und Unvorhergesehene. Auch Deutschland hat sehr viel von seinem besten Blut in fremden Heeren und an fremde Nationen verloren. Aber der Provinzialismus seiner politischen Zustände stimmte den Ehrgeiz der Begabten auf das Dienen an kleinen Höfen, in kleinen Heeren und Verwaltungen herab. Sie sind hier ein gesunder und fruchtbarer Mittelstand geblieben. Der Adel blieb zum größten Teil höheres Bauerntum. Es gab keine große Welt und kein reiches Leben. Die „Rasse“ im Volkstum schlief und wartete auf den Weckruf einer großen Zeit. Hier liegt, trotz der Verwüstungen der letzten Jahrzehnte, ein Schatz von tüchtigem Blut, wie ihn kein anderes Land besitzt. Er kann geweckt und muß durchgeistigt werden, um für die gewaltigen Aufgaben der Zukunft bereit und wirksam zu sein. Aber diese Aufgaben sind heute da. Der Kampf um den Planeten hat begonnen. Der Pazifismus des liberalen Jahrhunderts muß überwunden werden, wenn wir weiterleben wollen.

Wie weit sind die weißen Völker schon in ihn hineingeschritten? Ist das Geschrei gegen den Krieg eine geistige Geste oder die ernsthafte Abdankung vor der Geschichte auf Kosten der Würde, der Ehre, der Freiheit? Aber das Leben ist Krieg. Kann man seinen Sinn verabschieden und es doch behalten? Das Bedürfnis nach fellachenhafter Ruhe, nach Versicherung gegen alles, was den Trott der Tage stört, gegen das Schicksal in jeder Gestalt, scheint das zu wollen: eine Art Mimikry gegenüber der Weltgeschichte, das Sichtotstellen menschlicher Insekten angesichts der Gefahr, das *happy end* eines inhaltleeren Daseins, durch dessen Langeweile Jazzmusik und Niggertänze den Totenmarsch einer großen Kultur zelebrieren.

Aber das kann nicht sein und darf nicht sein. Der Hase täuscht vielleicht den Fuchs. Der Mensch kann den Menschen nicht täuschen. Der Farbige durchschaut den Weißen, wenn er von „Menschheit“ und ewigem Frieden redet. Er wittert die Unfähigkeit und den fehlenden Willen, sich zu verteidigen. Hier tut eine große Erziehung not, wie ich sie als preußisch bezeichnet habe und die man meinetwegen „sozialistisch“ nennen mag – was kommt auf Worte an! Eine Erziehung, welche durch lebendiges Vorbild die schlafende Kraft weckt, nicht Schule, Wissen, Bildung, sondern seelische Zucht, die das heraufholt, was noch da ist, es stärkt und zu neuer Blüte bringt. Wir können uns nicht erlauben, müde zu sein. Die Gefahr pocht an die Tür. Die Farbigen sind nicht Pazifisten. Sie hängen nicht an einem Leben, dessen Länge sein einziger Wert ist. Sie nehmen das Schwert auf, wenn wir es niederlegen. Sie haben den Weißen einst gefürchtet, sie verachten ihn nun. In ihren Augen steht das Urteil geschrieben, wenn weiße Männer und Frauen sich vor ihnen so aufführen, wie sie es tun, zu Hause oder in den farbigen Ländern selbst. Einst packte sie Entsetzen vor unserer Macht – wie die Germanen vor den ersten römischen Legionen. Heute, wo sie selbst eine Macht sind, reckt sich ihre geheimnisvolle Seele auf, die wir nie verstehen werden, und sieht auf den Weißen herab wie auf etwas Gestriges.

Aber die größte Gefahr ist noch gar nicht genannt worden: Wie, wenn sich eines Tages Klassenkampf und Rassenkampf zusammenschließen, um mit der weißen Welt ein Ende zu machen? Das liegt in der Natur der Dinge, und keine der beiden Revolutionen wird die Hilfe der andern verschmähen, nur weil sie deren Träger verachtet. Gemeinsamer Haß löscht gegenseitige Verachtung aus. Und wie, wenn sich an ihre Spitze ein weißer Abenteurer stellt, wie wir schon manche erlebt haben, einer, dessen wilde Seele im Treibhaus der Zivilisation nicht atmen konnte und in gewagten Kolonialunternehmen, unter Piraten, in der Fremdenlegion sich an Gefahren zu sättigen versuchte, bis er hier plötzlich ein großes Ziel vor Augen sieht? Mit solchen Naturen bereitet die Geschichte ihre großen Überraschungen vor. Der Ekel tiefer und starker Menschen an unseren Zuständen und der Haß tief Enttäuschter könnten sich schon zu einer Auflehnung steigern, die Vernichtung will. Auch das war der Zeit Cäsars nicht fremd. Jedenfalls: Wenn in den Vereinigten Staaten das weiße Proletariat losbricht, wird der Neger zur Stelle sein und hinter ihm werden Indianer und Japaner auf ihre Stunde warten. Das schwarze Frankreich würde in solchem Falle ebensowenig zögern, die Pariser Szenen von 1792 und 1871 zu übertreffen. Und würden die weißen Führer des Klassenkampfes je verlegen sein, wenn farbige Unruhen ihnen den Weg öffneten? Sie sind in ihren Mitteln nie wählerisch gewesen. Es würde sich nichts ändern, wenn Moskau als Befehlsgeber verstummen sollte. Es hat sein Werk getan. Das Werk setzt sich selbst fort. Wir haben vor den Augen der Farbigen unsre Kriege und Klassenkämpfe geführt, uns untereinander erniedrigt und verraten; wir haben sie aufgefordert, sich daran zu beteiligen. Wäre es ein Wunder, wenn sie das endlich auch für sich täten?

Hier erhebt die kommende Geschichte sich hoch über Wirtschaftsnöte und innerpolitische Ideale. Hier treten die elementaren Mächte des Lebens selbst in den Kampf, der um alles oder nichts geht. Die Vorform des Cäsarismus wird sehr bald bestimmter, bewußter, unverhüllter werden. Die Masken aus dem Zeitalter parlamentarischer Zwischenzustände werden ganz fallen. Alle Versuche, den Gehalt der Zukunft in Parteien aufzufangen, werden rasch vergessen sein. Die faschistischen Gestaltungen dieser Jahrzehnte werden in neue, nicht vorauszusehende Formen übergehen und auch der Nationalismus heutiger Art wird verschwinden. Es bleibt als formgebende Macht nur der kriegerische, „preußische" Geist, überall, nicht nur in Deutschland. Das Schicksal, einst in bedeutungsschweren Formen und großen Traditionen zusammengeballt, wird in der Gestalt formloser Einzelgewalten Geschichte machen. Die Legionen Cäsars wachen wieder auf.

Hier, vielleicht schon in diesem Jahrhundert, warten die letzten Entscheidungen auf ihren Mann. Vor ihnen sinken die kleinen Ziele und Begriffe heutiger Politik in nichts zusammen. Wessen Schwert hier den Sieg erficht, der wird der Herr der Welt sein. Da liegen die Würfel des ungeheuren Spiels. Wer wagt es, sie zu werfen?